글 고희정

이화여자대학교에서 과학 교육을 전공하고 석사 학위를 받았습니다.
중고등학교와 대학교에서 과학을 가르쳤고, 방송 작가로 일하며 《딩동댕 유치원》,
《방귀대장 뿡뿡이》, 《생방송 톡톡 보니하니》, 《뽀뽀뽀》, 《꼬마요리사》, EBS 다큐프라임
《자본주의》, 《부모》, 《인문학 특강》 등의 프로그램을 만들었습니다. 지은 책으로
《어린이 과학 형사대 CSI》, 《어린이 사회 형사대 CSI》, 《의사 어벤저스》,
《신통하고 묘한 고양이 탐정》, 《육아 불변의 법칙》, 《훈육 불변의 법칙》 등이 있습니다.

그림 최미란

서울시립대학교에서 산업디자인을, 같은 학교 대학원에서 일러스트레이션을
공부했습니다. 특유의 집중력으로 여러 어린이책에 개성 강한 그림을 그렸습니다.
그린 책으로 《글자동물원》, 《탁구장의 사회생활》, 《귀신 학교》, 《슈퍼맨과 중력》,
《독수리의 오시오 고민 상담소》, 《초능력》, 《삼백이의 칠일장》, 《이야기 귀신이 와르릉
와르릉》, 《슈퍼 히어로의 똥 닦는 법》, 《집보 만보》, 《무적 말숙》, 《백점 백곰》 등이,
쓰고 그린 책으로 《집, 잘 가꾸는 법》, 《우리는 집지킴이야!》가 있습니다.

감수 신주영

서울대학교 법대를 졸업하고 사법 시험에 합격해 현재 법무 법인 대화 소속
변호사입니다. 어렸을 때 책을 읽으며 느끼는 행복감이 커서 작가가 되고 싶다는 꿈이
있었는데 변호사 10년 차에 법정 경험담을 소재로 《법정의 고수》를 출간하면서
작가로도 활동하고 있습니다. 《세빈아, 오늘은 어떤 법을 만났니?》, 《헌법 수업》,
《옛이야기로 만나는 법 이야기》, 《질문하는 법 사전》, 《우리가 꼭 알아야 할 법 이야기》,
《대혼돈의 사이버 세상 속 나를 지키는 법》 등 법률가로서의 경험을 살려 법을 매개로
사람과 사회를 들여다보는 책들을 썼습니다.

변호사 어벤저스

 **저작권법, 권리를 지켜라!**

초판 1쇄 발행 2025년 11월 28일

지은이 고희정
그린이 최미란
감　수 신주영

펴낸이 김남전
편집장 유다형 | 기획·책임편집 임형진 | 편집 이경은 김성윤 김선경 | 디자인 권석연
마케팅 정상원 한웅 정용민 김건우 | 경영관리 김경미

펴낸곳 ㈜가나문화콘텐츠 | 출판 등록 2002년 2월 15일 제10-2308호
주소 경기도 고양시 덕양구 호원길 3-2
전화 02-717-5494(편집부) 02-332-7755(관리부) | 팩스 02-324-9944
홈페이지 ganapub.com | 인스타그램 instagram.com/ganapub1
페이스북 facebook.com/ganapub1

ISBN 979-11-6809-130-6 (74810)
　　　979-11-6809-121-4 (세트)

ⓒ 2025, 고희정 최미란 임형진

※ 책값은 뒤표지에 표시되어 있습니다.
※ 이 책의 내용을 재사용하려면 반드시 저작권자와 ㈜가나문화콘텐츠의 동의를 얻어야 합니다.
※ 잘못된 책은 구입하신 서점에서 바꾸어 드립니다.
※ '가나출판사'는 ㈜가나문화콘텐츠의 출판 브랜드입니다.

- 제조자명: (주)가나문화콘텐츠
- 주소 및 전화번호: 경기도 고양시 덕양구 호원길 3-2 / 02-717-5494
- 제조연월: 2025년 11월 28일
- 제조국명: 대한민국
- 사용연령: 4세 이상 어린이 제품

가나출판사는 당신의 소중한 투고 원고를 기다립니다. 책 출간에 대한 기획이나 원고가 있으신 분은
이메일 ganapub@naver.com으로 보내 주세요.

변호사 어벤저스

9 저작권법, 권리를 지켜라!

글 고희정 ✦ 그림 최미란 ✦ 감수 신주영

옛날에도 헌법 재판소가 있었다? ... 14
저작권 ... 22   법률의 제정과 개정 ... 24
저작권법 ... 30   드레퓌스의 재판 ... 32

저작권 보호를 위한 국제 조약, 베른 협약 ... 40
저작권을 침해하면 안 되는 이유 ... 48   보행 중 스마트폰 금지법 ... 54
우리나라 최초의 신문은? ... 56   승소 ... 60

AI도 저작권이 있을까? ... 72
이것도 저작권 침해? ... 80   신탁 ... 86
장관 ... 92   대통령령 ... 94

기소 유예 ... 102   변호사법 ... 108
실정법과 자연법 ... 110
가수나 배우도 저작권이 있을까? ... 116   허가 ... 118

압수 수색 ... 128   표절 ... 132
산업 ... 134   저작권을 보호하는 방법 ... 138
계약 ... 144

저작권 침해 사건

권리아가 막 지하철에서 나왔을 때였다.

"리아야, 권리아!"

익숙한 목소리에 돌아보니, 유정의가 서 있었다.

"어, 안녕?"

권리아가 인사하자, 유정의가 신난 표정으로 말했다.

"오늘은 좀 늦었네. 네 기준으로 말이야."

권리아는 부지런해서 일찍 출근하는 편이고, 유정의는 대체로 출근 시간에 딱 맞춰 오는 편이다.

권리아가 시계를 흘긋 보며 말했다.

"그러네."

"뭐, 사실 늦은 건 아니지. 네가 워낙 일찍 오니까. 헤헤."

유정의가 여전히 즐거운 표정으로 말했다. 유정의는 권리아와 나란히 출근하게 되어 기분이 좋은 눈치였다. 하지만 권리아는 표정이 별로 좋지 않았다. 이유는 다름 아닌 유정의 때문이었다.

어제 저녁, 유정의는 친구를 만나러 간다며 먼저 퇴근했다. 그런데 권리아는 우연히 유정의가 최도아를 만나고 있는 장면을 본 것이다. 그 광경을 함께 본 양미수도 의아해하며 말했다.

"최 선배를…… 왜 만나는 거지?"

최도아는 이범과 같은 기수, 어린이 변호사 양성 프로젝트 1기다. 그러니까 2기인 권리아, 양미수, 유정의에게는 선배인 셈이다. 그래서 로스쿨에 다닐 때부터 가끔 어울려 다니기는 했지만, 유정의가 최도아와 따로 만날 정도로 친하다고 생각한 적은 없었다. 게다가 유정의는 최도아를 만난다는 사실을 숨기고, 친구를 만난다고 거짓말을 했다. 왜 그랬을까?

권리아는 유정의가 했던 말을 떠올렸다.

'최 선배는 똑똑하지, 예쁘지, 집안 좋지!'

권리아는 문득 불길한 생각이 스쳤다.

'설마…… 둘이 좋아하나?'

옆에서 양미수가 조심스레 속삭였다.

"들어가 볼까?"

양미수도 둘이 따로 만난 이유가 궁금한 것 같았다. 하지만 권리아는 몸을 돌리며 말했다.

"아니, 그냥 가자."

양미수가 뒤따라오며 아쉬운 듯 말했다.

"왜, 들어가 보지 그래."

사실 양미수는 유정의가 줄곧 권리아를 좋아한다고 믿고 있었다. 그래서 권리아에게도 그 사실을 귀띔해 주었다. 마침 권리아 역시 유정의를 좋아한다고 해서 잘 됐다고 생각했다. 그런데 유정의와 최도아가 만나는 장면을 목격하고 나니, 권리아가 마음이 쓰일까 걱정스러웠다.

권리아는 아무렇지 않은 척했지만, 집에 돌아와서도 계속 그 장면이 생각나 속상한 마음이 들었다. 유정의가 자신을 좋아하는 것 같다는 양미수의 말을 듣고, 은근히 기대하는 마음이 있었기 때문이다. 그런데 양미수가 착각한 것일까?

게다가 최도아는 학교 다닐 때부터 인기가 많았다. 유정의의 말대로 최도아는 똑똑하고, 예쁜 데다 집안도 화려했다. 할아버지는 헌법 재판소 재판관이고, 아버지는 서울 중앙 지방 법원 부장 판사로, 유명한 법조인 집안의 딸이다. 권리아는 자신이 최도아보다 여러 면에서 부족하다는 생각이 들었다.

'나라도 최 선배를 좋아하겠지.'

그렇게 이런저런 생각을 하다 보니, 밤새 잠을 설쳐 늦은 것

헌법 재판소

이다. 그래서 얼굴빛이 안 좋아 보였는지, 유정의가 걱정스러운 말투로 물었다.

"어디 아파? 표정이 안 좋네."

권리아는 티를 내고 싶지 않았다.

"아니, 아무렇지도 않은데."

권리아의 대답에 유정의도 표정이 심각해졌다.

'역시 나한테 삐친 게 분명해.'

며칠 전부터 권리아가 자신을 자꾸 피하는 느낌이 들었기 때문이다. 권리아의 진짜 속마음을 모르고 오해하고 있는 것이다. 각자 다른 생각을 하고 있으니, 둘 사이에는 잠시 어색한 침묵이 흘렀다.

그때였다.

"유스타님!"

유정의를 부르는 소리에 유정의와 권리아가 동시에 고개를 돌렸다. 유정의는 어렸을 때는 키즈 유튜버로 유명했고, 지금은 인플루언서로 이름을 날리고 있다. 그래서 붙은 별명이 '유스타'다.

유정의를 부른 사람은 초등학교 5, 6학년 정도로 보이는 여자아이였다. 아이가 반가운 얼굴로 유정의에게 뛰어왔다.

"유스타님, 맞죠?"

옛날에도 헌법 재판소가 있었다?

사헌부가 그 역할을 했다.

'팬인가 보네.'

권리아가 생각하는 순간, 유정의가 반기며 물었다.

"네, 미아님?"

권리아의 눈이 동그래졌다.

'아는 사이야?'

유정의는 팬이 많다. 그래서 길을 가다 보면 유정의를 알아보는 사람들을 종종 만났다. 그런데 이제껏 유정의가 이름을 알고 있는 팬은 처음이었다.

아이가 자신을 소개했다.

"네, 어제 디엠 보낸 신미아입니다."

디엠(DM)은 다이렉트 메시지(Direct Message), 즉 상대방과 개인적으로 이야기를 주고받을 수 있는 서비스를 줄여서 부르는 말이다.

미아가 다소 흥분한 목소리로 말을 이었다.

"저, 유스타님이 키즈 유튜버였을 때부터 팬이었어요. 이렇게 뵙게 되다니, 꿈만 같아요."

미아 뒤를 따라온 엄마도 반갑게 웃으며 말했다.

"진짜 유스타님이네! 미아가 멀리서 보고도 딱 알아보더라고요. 하하."

"안녕하세요, 어머님이시죠?"

유정의가 인사하자, 미아 엄마가 말했다.

"네, 어린 나이에 변호사까지 되시고, 정말 대단하세요."

유정의가 겸손하게 말했다.

"아닙니다. 오시는데 힘들지는 않으셨어요?"

"설명을 잘해 주셔서 금방 찾았어요."

미아 엄마의 대답에 권리아는 생각했다.

'만나기로 한 건가?'

주고받는 말이나 분위기로 봐서는 우연히 만난 건 아닌 것 같았다. 그때, 유정의가 권리아를 소개했다.

"아, 이쪽은 함께 일하는 권리아 변호사입니다."

그러자 미아가 눈을 반짝이며 말했다.

"저 알아요! 유스타님이랑 어린이 변호사 양성 프로젝트 동기시죠? 지금은 법무 법인 지음에서 같이 수습 변호사로 일하고 계시고요."

뜻밖의 말에 권리아는 잠시 당황스러웠다. 유스타에 대해 모르는 게 없는 것도 놀라운데, 자신에 대해서까지 알고 있다는 사실이 어쩐지 낯설게 느껴졌다.

"아, 네. 맞아요. 안녕하세요? 권리아입니다."

권리아가 어리둥절한 얼굴로 인사하자, 미아와 미아 엄마도 인사했다.

"안녕하세요? 잘 부탁드립니다."

'잘 부탁한다니, 뭘 잘 부탁한다는 말이지?'

권리아가 고개를 갸웃하며 유정의를 바라보았다. 그제야 유정의가 상황을 설명했다.

"아, 사건을 의뢰하고 싶다고 해서 오신 거야. 사무실에 가서 자세히 설명할게."

권리아는 비로소 상황이 이해가 되었다. 미아가 전날 DM으로 유정의에게 사건을 의뢰하고 싶다며 상담을 요청했고, 유정의가 아침에 사무실로 오라는 답변을 보낸 것이었다.

유정의는 미아와 미아 엄마를 사무실로 안내했다. 문을 열고 들어서자, 하 사무장이 자리에서 일어나며 반갑게 맞았다.

"오셨어요?"

유정의가 소개했다.

"사건 의뢰하러 오신 분들이세요. 그리고 이분은 하소연 사무장님이십니다."

서로 간단히 인사를 나누자, 유정의가 부탁했다.

"사무장님, 회의실로 안내 부탁드릴게요."

"네, 이쪽으로 오세요."

하 사무장이 미아와 미아 엄마를 회의실로 안내하자, 유정의가 권리아에게도 부탁했다.

"내가 고 변호사님께 말씀드릴 테니까, 네가 선배랑 미수한테 말해 줄래?"

"그래, 알았어."

권리아가 고개를 끄덕이며 이범의 방으로 향했다. 유정의는 곧장 고 변호사의 방으로 가, 노크하고 들어갔다.

"변호사님, 사건이 하나 들어왔는데요. 저작권 관련 사건입니다."

유정의가 어떻게 미아의 사건을 의뢰받았는지 간단하게 설명하고 덧붙였다.

"지금 의뢰인이 와 계십니다."

"그래요? 그럼 가 보죠."

고 변호사가 따라나섰다. 그렇게 해서 모두 회의실에 모이게 되었다.

"제 이름은 신미아입니다. 초등학교 6학년이고요, 장래 희망은 세계적인 댄서가 되는 것입니다. 잘 부탁드립니다."

미아가 또렷한 목소리로 자신을 소개했다. 똑 부러진 미아의 모습에 고 변호사가 미소를 지으며 물었다.

"「저작권법」 위반 사건이라고 들었는데, 구체적으로 어떤 일인가요?"

저작권은 영화, 음악, 소설, 미술 작품 등의 창작물에 대하여 그것을 만든 사람(저작자)이나 그 권리를 물려받은 사람이 행사할 수 있는 권리를 말한다. 집이나 자동차처럼 금전적 가치가 있는 것을 재산(또는 자산)이라고 하는데, 저작권은 형체가 없어 눈에 보이지는 않지만, 금전적 가치가 있는 재산 중 하나다. 그리고 「저작권법」은 저작권을 가진 사람, 즉 저작권자의 권리를 보호하기 위해 만든 법률이다.

미아가 설명을 시작했다.

"제가 댄서가 되는 게 꿈이라서 학원에 다니며 열심히 춤을 배우고 있어요. 혼자 연습도 많이 하고요. 유명한 댄스 가수의 춤을 많이 따라 하는데, 주변에서 잘 춘다고, 똑같다고 하는 거예요. 그래서 그걸 영상으로 찍어서 다보아에 올렸어요."

다보아는 동영상 공유 플랫폼 중 하나다. 이러한 플랫폼은 마음에 드는 동영상과 음악을 감상하고, 직접 만든 콘텐츠를 다른 사람들과 공유할 수 있는 서비스로, 유튜브, 틱톡 등이 대표적이다.

"그러니까 커버 댄스를 올렸다는 거네요."

커버 댄스란, 가수의 안무를 그대로 따라 추는 춤을 말한다.

미아 엄마가 설명을 덧붙였다.

"네, 그런데 그 춤을 만든 안무가가 자신의 안무를 무단으로 따라 했다고, 커버 댄스를 올린 사람들을 모두 「저작권법」 위반 혐의로 고소했어요."

이범이 물었다.

"그 안무가의 이름이 뭐죠?"

"로이나 씨요."

미아 엄마의 대답에 아이들은 동시에 고개를 끄덕였다.

"아, 로이나 씨요!"

그러나 고 변호사는 모르는 표정이었다.

"유명한 분인가요?"

유정의가 깜짝 놀라며 물었다.

"로이나 씨 모르세요? 진짜 유명한 안무가인데."

고 변호사가 고개를 젓자, 유정의가 설명했다.

"댄스 서바이벌 프로그램에서 1등을 한 사람인데요. 유명 아이돌의 안무도 많이 만들었어요. 아, 주피터 보이즈의 히트곡 '팡팡팡', 아시죠? 팡팡팡.♬"

유정의가 자리에서 안무를 흉내 내며 설명했지만, 고 변호사는 머쓱하게 웃으며 말했다.

"제가 그쪽은 잘 몰라서요."

저작물 인간의 사상 또는 감정을 표현한 창작물

저작자 저작물을 창작한 자

저작자나 그 권리를 물려받은 사람이 행사하는 권리

법률을 새로 만들거나 고치는 일

사실 고 변호사는 일 외의 다른 것에는 거의 관심이 없다. 그러니 최근 유행하는 아이돌의 노래나 안무를 알 리가 없다.

고 변호사가 미아 엄마에게 물었다.

"로이나 씨가 미아뿐만 아니라, 다른 사람들도 함께 고소했다는 말씀인가요?"

"네, 경찰 말로는 10명이 조금 넘는다고 했어요."

미아 엄마가 대답하더니 물었다.

"안무도 저작권이 있나요? 노래나 책 같은 건 있다고 알고 있는데, 안무까지 저작권이 있다는 건 처음 들어서요."

고 변호사가 설명했다.

"안무도 당연히 저작권이 있습니다. 「저작권법」 제4조 제1항에는 저작물이 될 수 있는 것들이 정리되어 있는데요. 안무는 그중 제3호, 연극 및 무용, 무언극 그 밖의 연극 저작물에 속합니다."

안무, 즉 댄스는 안무가가 노래에 맞춰 가수들에게 적합한 일련의 신체적 동작과 몸짓을 창조적으로 조합하고 배열한 것이다. 그러므로 안무가 자신의 사상이나 감정을 표현한 창작물에 해당하기 때문에, 「저작권법」상 '연극 저작물'이라고 할 수 있다.

이범이 덧붙였다.

"실제로 안무가가 저작권을 인정받은 사례도 여러 번 있었습니다. 가수 싸이 씨 아시죠?"

미아와 미아 엄마가 동시에 대답했다.

"당연히 알죠."

이범이 설명했다.

"싸이 씨가 '젠틀맨' 곡을 발표할 때, 안무에 가수 브라운 아이드 걸스의 '시건방춤'을 사용했는데, 이때 정식으로 저작권료를 지불했어요. 안무 저작권을 인정한 대표적인 사례죠. 또한 댄스 학원이 가수 시크릿의 곡 '샤이 보이' 안무를 수강생들에게 가르치고, 이를 촬영한 영상을 인터넷에 올린 일이 있었는데요. 그때 그 춤의 안무가가 댄스 학원을 상대로 저작권 침해 금지 청구 소송을 냈고, 일부 승소한 판례도 있습니다."

"그렇군요. 몰랐어요."

미아 엄마가 속상한 표정으로 말했다.

안무에도 저작권이 인정된다면, 미아가 안무를 따라 한 영상을 올린 것은 「저작권법」을 위반한 셈이 되기 때문이다.

권리아가 미아에게 물었다.

"커버 댄스 영상을 올릴 때, 저작권자를 표기하거나 설정하는 방법이 있었을 텐데, 그걸 하지 않은 건가요?"

미아가 울상을 지으며 대답했다.

"네, 그렇게 해야 하는지 몰랐어요."

동영상 공유 플랫폼에 영상을 올리면, 조회 수나 팔로어 수에 따라 수익이 발생할 수 있다. 그리고 그 수익은 영상을 제작해 올린 사람뿐만 아니라, 영상에 사용된 노래나 안무, 글 등을 만든 저작권자에게도 일부 돌아가야 한다. 그래서 영상을 올릴 때는 저작권자를 꼭 확인하고, 누구의 창작물인지 표기해야 한다. 일부 플랫폼에서는 저작권자를 간단히 설정할 수 있게 하여, 수익이 자동으로 저작권자에게 분배되도록 하고 있다.

그런데 미아처럼 저작권자의 허가 없이 무단으로 저작물을 사용해 동영상을 만들어 올리면, 「저작권법」 제124조 제1항, '저작권 또는 그밖에 이 법에 따라 보호되는 권리를 침해하는 행위에 의하여 만들어진 물건을 그 사실을 알고 배포할 목적으로 소지하는 행위'에 해당되어 「저작권법」을 위반하는 것이다.

"그럼 어느 정도의 처벌을 받게 될까요?"

미아 엄마가 걱정스럽게 묻자, 이범이 설명했다.

"「저작권법」 제136조에는 벌칙이 정해져 있습니다. 「저작재산권」이나 그밖에 이 법에 따라 보호되는 재산적 권리를 복제, 공연, 공중 송신, 전시, 배포, 대여, 2차적 저작물 작성의 방

 저작권법

법으로 침해한 자는 5년 이하의 징역 또는 5,000만 원 이하의 벌금에 처하거나, 이 둘의 처벌을 동시에 할 수 있다고 되어 있습니다."

미아와 미아 엄마가 놀라 눈이 동그래지자, 양미수가 고 변호사에게 물었다.

"미성년자인 데다, 모르고 한 일이잖아요. 그러면 정상 참작이 가능하지 않을까요?"

고 변호사가 잠시 생각하더니 미아에게 물었다.

"문제가 된 동영상이 몇 개나 되죠?"

미아가 대답했다.

"7개입니다."

미아가 플랫폼에 올린 동영상의 총 개수는 29개인데, 그중 로이나 안무가의 댄스를 커버한 동영상은 7개라는 것이다.

고 변호사가 잠시 생각하더니 의견을 말했다.

"성인이라면 50만 원 이하의 벌금이 나올 수 있습니다. 다만 영리 목적이 아니고, 동영상을 보는 사람이 로이나 씨의 안무임을 쉽게 알 수 있는 경우에는 기소 유예 처분이 내려질 수도 있는데요. 하지만 미아는 미성년자라서 소년 보호 재판에 넘겨집니다. 그럴 경우 1호나 2호 보호 처분을 받을 가능성이 높습니다."

「저작권법」은 저작자의 권리를 보호하고, 저작물을 공정하게 이용할 수 있도록 제정한 법률이야.

제4조 제1항에는 「저작권법」으로 보호받을 수 있는 저작물에 어떤 것들이 있는지 규정해 놓았어.

「저작권법」 제4조(저작물의 예시 등)
① 이 법에서 말하는 저작물을 예시하면 다음과 같다.
 1. 소설·시·논문·강연·연설·각본 그 밖의 어문 저작물
 2. 음악 저작물
 3. 연극 및 무용·무언극 그 밖의 연극 저작물
 4. 회화·서예·조각·판화·공예·응용 미술 저작물 그 밖의 미술 저작물
 5. 건축물·건축을 위한 모형 및 설계 도서 그 밖의 건축 저작물
 …

저작권은 저작 인격권과 저작 재산권으로 나누어지는데,

저작 인격권: 저작물을 공표하고, 자신의 이름을 표기하는 등 저작물에 대해 갖는 정신적, 인격적 이익에 대한 권리

저작 재산권: 저작물을 복제, 공연, 공중 송신, 전시, 배포하는 등 저작물에 대해 갖는 재산적 권리

보통 저작자가 살아있는 동안뿐만 아니라, 사망한 후에도 70년간 보호받을 수 있어.

파블로 피카소
스페인의 화가
(1881년~1973년)

1973년 사망, 이후 70년(2043년)까지

〈우는 여자〉

제39조(보호 기간의 원칙)
① 저작 재산권은 특별한 규정이 있는 경우를 제외하고는 저작자가 생존하는 동안과 사망한 후 70년간 존속한다.

저작권자의 허락 없이 저작물을 이용하거나, 저작자의 인격을 침해하는 방식으로 저작물을 이용하는 행위는 저작권을 침해하는 것이지.

저작 재산권 침해
5년 이하의 징역 또는 5,000만 원 이하의 벌금

저작 인격권 침해
3년 이하의 징역 또는 3,000만 원 이하의 벌금

저작권은 저작자의 소중한 권리이자, 재산이야. 그러니까 다른 사람의 저작물을 함부로 사용하면 안 돼.

저작권을 지키자!

저작자의 권리를 보호하기 위해 제정한 법률

기소 유예는 검사가 형사 사건에 대하여 범죄 혐의를 인정하기는 하지만, 범인의 성격, 나이, 환경, 범죄의 정도 등을 참작하여 재판을 열지 않아야 한다는 의견을 내는 것이다.

　　또 소년 보호 재판에서 1호 보호 처분은 경미한 비행을 저지른 청소년에게 법원이 보호자에게 감호를 위탁하는 처분이다. 그리고 2호 보호 처분은 100시간 이내의 강의를 수강하도록 명령하는 것이다.

　　이범이 의견을 덧붙였다.

　　"하지만 가장 좋은 방법은 로이나 씨와 합의하는 것입니다. 그렇게 되면 로이나 씨가 고소를 취하할 수도 있거든요. 또 민사상 손해 배상 책임을 질 수도 있는데, 합의금으로 손해를 배상하는 것이니까 더 안전하다고 할 수 있죠."

　　그러자 미아 엄마가 한숨을 내쉬었다.

　　"휴, 저도 합의하려고 했죠. 그래서 로이나 씨의 법률 대리인에게 연락도 했는데, 로이나 씨가 합의는 절대 안 하겠다고 했답니다."

　　권리아가 물었다.

　　"로이나 씨의 법률 대리인이 누구인데요?"

　　"법무 법인 나라의 최도아 변호사님이요. 그래서 다른 방법이 없나 여쭤보러 온 거예요."

미아 엄마의 대답에 아이들의 눈이 동그래졌다. 지난번 학교 폭력 사건에서도 최도아가 상대 변호사였는데, 또다시 만나게 될 줄이야.

고 변호사가 친절하게 말했다.

"저희가 최 변호사님을 한번 만나보겠습니다."

미아 엄마가 반색했다.

"감사합니다. 합의금은 얼마든지 드릴 테니까 꼭 합의할 수 있게 해 주세요."

"네, 너무 걱정하지 마세요."

고 변호사의 말에 미아 엄마는 안도했다. 그런데 그 순간, 미아가 갑자기 눈물을 글썽이며 말했다.

"로이나 선생님은 제 롤 모델이에요. 동영상을 만들어 올린 것도 로이나 선생님처럼 춤을 잘 추고 싶어서 그런 건데, 이렇게 되니까 너무 죄송하고 속상해요. 흑흑."

미아가 아직 어려서 「저작권법」이 무엇인지조차 잘 몰랐을 것이다. 그런데 좋아하고 존경하는 사람에게 고소를 당했으니 얼마나 놀라고 당황스러웠을까. 겉으로는 밝고 명랑해 보였지만, 속으로는 충격이 컸던 것이다.

짝도아의 의도

미아 엄마는 미아가 플랫폼에 올렸던 댄스 영상을 저장한 USB를 건네주고 돌아갔다. 플랫폼에서는 이미 영상을 다 내린 상태라 확인할 수 없기 때문이다.

고 변호사와 아이들은 USB를 연결해 동영상을 확인했다.

"와, 진짜 잘 추네요."

권리아가 감탄하자, 유정의도 맞장구쳤다.

"재능이 있어요. 저도 보고 깜짝 놀랐어요."

사실 유정의는 어제 신미아로부터 DM을 받고, 미리 동영상을 확인해 본 상태였다.

고 변호사도 영상을 다 본 뒤, 이범에게 말했다.

"최 변호사는 이 변호사님이 만나 보세요."

"네, 그렇게 하겠습니다."

이범이 대답했다. 그리고 회의가 끝나자, 자기 방으로 돌아가 최도아에게 전화를 걸었다.

"웬일이야? 나한테 먼저 전화를 하고."

최도아가 반기듯 말하자, 이범이 곧바로 물었다.

"안무가 로이나 씨의 저작권 침해 사건, 네가 맡았다며?"

최도아가 놀라며 되물었다.

"응, 그런데 그걸 어떻게……."

그러더니 이내 알아차렸다.

"아, 피고소인의 변호를 맡았구나. 누구야?"

"신미아."

이범의 대답에 최도아가 기억을 떠올리며 말했다.

"아, 초등학교 6학년 학생!"

"맞아, 미아 어머님이 합의하자고 했는데, 거절했다며."

이범의 말에 최도아가 설명했다.

"로이나 씨가 처음 사건을 의뢰할 때부터 절대 합의는 안 한다고 했거든."

이범이 제안했다.

"일단 좀 만나자."

최도아를 직접 만나 설득해 보려는 것이다. 최도아는 흔쾌히 허락했다.

저작권 보호를 위한 국제 조약, 베른 협약

1886년에 체결되어 국제적인 저작권 보호 조약이 되었다.

"만나는 건 어렵지 않지. 우리 사무실로 와."

"알았어. 30분쯤 걸릴 거야."

이범이 대답하자, 최도아는 문득 생각난 듯 덧붙였다.

"정의도 데리고 와, 유정의."

"정의를?"

이범은 갑작스러운 최도아의 요구에 의아했다. 최도아는 이유는 말하지 않고 다시 한번 당부했다.

"응, 꼭 데리고 와."

"알았어."

이범은 전화를 끊고 생각에 잠겼다. 최도아는 꼼꼼하고 계획적인 사람이라 허튼 말이나 행동을 하지 않는다. 그러니 유정의를 데리고 오라는 말에는 분명히 의도가 있을 것이다.

'무슨 일이지?'

이범은 여러 가능성을 떠올려 봤지만, 짐작이 가지 않았다. 이범은 유정의의 방으로 가서 최도아의 말을 전했다.

"최 선배가요?"

유정의가 당황한 표정으로 되물었다.

"그래, 널 꼭 데리고 오라는데, 무슨 일이야?"

이범의 물음에 유정의는 머뭇거리며 말끝을 흐렸다.

"그, 글쎄요……."

이범은 유정의가 무언가 말하기 곤란해하는 것을 눈치채고, 말을 돌렸다.

"여하튼 가자. 30분 안에 가기로 했으니까."

"네, 알겠습니다."

유정의가 대답하고, 이범을 따라 사무실을 나섰다. 그때 마침 방에서 나오던 권리아가 두 사람이 나가는 모습을 보고 하 사무장에게 물었다.

"이 변호사님이랑 유 변호사, 같이 나갔어요?"

"네, 법무 법인 나라에 가신다던데요."

하 사무장의 말에 권리아는 살짝 마음이 쓰였다.

'최 선배를 보러 가는 건가?'

이범이 혼자 가도 될 일을 유정의가 일부러 함께 가는 듯해, 왠지 마음 한켠이 불편했다.

한편, 이범과 유정의는 법무 법인 나라로 향했다. 우리나라에서 다섯 손가락 안에 드는 대형 로펌답게, 건물 전체를 사무실로 쓰고 있었고, 로비에 안내 데스크까지 갖춰져 있었다.

이범이 데스크로 가서 명함을 내밀며 말했다.

"최도아 변호사와 약속하고 왔습니다."

직원이 명함을 확인하고 말했다.

"아, 네, 이 변호사님. 잠깐만 기다리세요."

직원은 최도아에게 전화를 걸어 방문 사실을 알렸다.

"법무 법인 지음의 이범 변호사님 오셨습니다."

최도아가 들여보내라고 했는지, 직원이 전화를 끊고 이범과 유정의에게 출입증을 건넸다.

"8층으로 올라가시면 됩니다."

"감사합니다."

이범과 유정의는 출입증을 받아 엘리베이터를 탔다. 8층에 도착하자, 최도아가 미리 나와 기다리고 있었다.

"어서 와. 우리 회사는 처음이지?"

"한 번 와 보긴 했지."

이범이 답하자, 최도아가 생각난 듯 말했다.

"맞다! 예전에 면접 보러 왔었지."

이범은 로스쿨을 수석으로 졸업하고, 변호사 시험에도 1등으로 합격한 재원이다. 그래서 법무 법인 나라에서 수습 변호사로 들어올 것을 제안받고 면접까지 봤지만, 결국 한대호 대표의 은혜를 갚기 위해 법무 법인 지음을 선택했다. '범생이'라는 별명에 걸맞는 선택을 한 것이다. 똑똑한 머리에 성실함까지 갖춘 모범생답게, 이범은 언제나 원칙과 신의를 지키는 사람이었다.

최도아가 자신의 방으로 안내하며 유정의에게 물었다.

"정의는 처음 와 보지?"

"네."

유정의가 짧게 대답하자, 최도아가 방문을 열고 안으로 들어가며 말했다.

"여기가 내 방이야."

이범이나 유정의의 방보다 2배는 넓어 보였다. 세련된 디자인의 책상과 소파, 책장, 의자까지 완벽한 세트로 갖춰져 있었다. 역시 대형 로펌은 다르다는 생각이 절로 들었다.

"와, 좋네요."

유정의가 눈이 휘둥그레지며 감탄하자, 최도아가 의미심장한 미소를 띠며 물었다.

"그래? 마음에 들어?"

유정의가 당황한 표정으로 대답했다.

"네? 아, 네, 멋지네요."

유정의는 얼굴이 붉어지며 이범의 눈치를 살폈다. 그러나 이범은 신경 쓰지 않는 듯했다.

최도아가 소파를 가리키며 말했다.

"앉아."

이범과 유정의가 자리에 앉자, 직원이 음료수를 가지고 들어왔다.

"감사합니다."

이범과 유정의가 인사했다.

직원이 나가자, 이범이 바로 용건을 꺼냈다.

"로이나 씨는 정말 합의할 의사가 없는 거야?"

최도아가 고개를 끄덕이며 설명했다.

"그렇다니까. 아까도 말했지만, 절대 합의하지 않는다는 것을 전제로 고소한 거야. 그래서 영상을 1~2개 올린 사람은 빼고, 5개 이상 올린 사람만 고소했어. 봐줄 만한 사람은 아예 고소도 안 한 거지. 그런데 미아는 영상을 7개나 올렸잖아. 합의하기 힘들지."

이범이 미아의 사정을 이야기했다.

"미아는 아직 초등학교 6학년이야. 저작권이 뭔지도 모를 나이인데, 경찰에 고소까지 하는 건 좀 심하잖아."

최도아가 반박했다.

"이번에 고소한 12명 중에서 7명이 미성년자야. 미아가 가장 어리긴 하지만 말이야. 그러니 미아만 봐줄 수는 없어. 다른 사람들이 알면, 너도나도 합의해 달라고 할 거야."

이범이 주장했다.

"저작권을 침해한 건 사실이지만, 미아가 동영상을 통해 얻은 이익이 전혀 없어. 구독자도 얼마 안 되고, 조회 수도 많지 않잖아."

최도아가 반론을 제기했다.

"하지만 동영상을 올릴 때 저작권을 보호하는 설정을 할 수 있었는데도 하지 않았어. 이건 선처의 여지가 없는 거야."

이범이 다시 말했다.

"그건 미아가 잘못한 거야. 인정해. 그래서 미아 어머님도 합의금은 로이나 씨가 원하는 대로 주겠다고 하셨어."

그러나 최도아는 고개를 저었다.

"로이나 씨는 돈 때문에 고소한 게 아냐. 저작권을 침해 하는 것을 못 하게 하려는 거지."

이범이 포기하지 않고 말했다.

"그럼 로이나 씨를 만나게 해 줘. 내가 직접 설득해 볼게."

이범의 끈질긴 요청에 최도아는 어쩔 수 없다는 듯 말했다.

"알았어, 말은 해 볼게."

그런데 두 사람이 열띤 논쟁을 벌이는 동안, 유정의는 계속 불안한 표정으로 아무 말도 하지 않았다. 유정의의 성격으로는 그럴 리가 없는데 말이다.

이범이 의아해하고 있는데, 최도아가 불쑥 물었다.

"정의야, 내가 얘기한 거, 생각해 봤어?"

유정의가 또다시 이범의 눈치를 보며 대답했다.

저작권 침해

저작권을 침해하면 안 되는 이유

새로운 창작물을 만들 수 없게 되어 산업에 악영향을 끼친다.

"아…… 생, 생각하고 있어요."

이범은 최도아와 유정의 사이에 무언가 일이 있다는 느낌을 받았다. 역시 최도아가 유정의를 데리고 오라고 한 이유가 있는 것이다.

아니나 다를까, 최도아가 이범의 반응을 살피며 말했다.

"정의, 다음 달이면 수습 끝나잖아. 그래서 내가 우리 회사로 오라고 제안했어."

어제 낮, 최도아가 유정의에게 전화를 걸어 갑자기 만나자는 말을 했다. 최도아와 단둘이 만난 적이 없었던 터라 유정의는 의아했다.

"네, 그런데 무슨 일이신데요?"

최도아가 대답했다.

"전화로 말하긴 그렇고, 만나서 이야기할게."

그래서 저녁에 최도아와 유정의가 만난 것이다. 유정의는 섣불리 말하지 않는 것이 좋겠다고 판단해, 권리아와 양미수에게는 친구를 만난다고 둘러댔다. 그런데 권리아는 그 사정을 모르니, 단단히 오해하고 있는 것이다.

"수습 끝나면, 우리 사무실로 올래?"

최도아의 갑작스러운 제안에 유정의는 당황했다. 선뜻 대답하지 못하고 조심스레 물었다.

"제안해 주셔서 감사하기는 한데, 생각을 좀 해 봐도 될까요?"

최도아가 흔쾌히 말했다.

"그럼. 그런데 오래는 못 기다려. 알지?"

솔직히 법무 법인 나라에서 오라는데, 거절할 사람은 거의 없다. 대형 로펌이라 월급도 많고, 일하는 환경도 좋기 때문이다. 또 변호사 경력에도 큰 도움이 될 것이다.

그래서 최도아는 유정의가 바로 좋다고 대답할 줄 알았다. 그런데 생각해 보겠다는 뜻밖의 대답에, 최도아는 유정의가 나라가 얼마나 좋은 회사인지 몰라서 그러는 거라고 판단했다. 그래서 이범에게 유정의를 데리고 오라고 했다. 직접 보면 마음이 달라질 거라고 생각한 것이다.

또 이범이 그 사실을 알게 되면, 어떤 반응을 보일지 궁금한 마음도 있었다. 이범이 나라에 함께 가자는 최도아의 부탁을 거절한 것에 대한 작은 복수라고나 할까.

하지만 이범은 개의치 않는 표정으로 말했다.

"그랬구나. 그럼 로이나 씨와 의논하고 알려 줘. 오늘 시간 내 줘서 고맙다."

이범의 반응에 최도아는 조금 실망했다. 최소한 놀라기라도 할 줄 알았는데 말이다. 하기야 이범은 감정을 겉으로 잘 드러

내지 않는 걸로 유명하다. 최도아가 괜한 기대를 한 셈이다.

권리아와 양미수가 음료수를 가지러 휴게실에 들어갔다. 그런데 선배 변호사가 커피를 내리고 있었다.

"안녕하십니까, 선배님."

둘이 함께 인사하자, 선배 변호사가 반갑게 맞아 주었다.

"어, 권 변호사, 양 변호사!"

그러더니 생각난 듯 물었다.

"가만, 그런데 둘 다 수습 끝날 때 되지 않았어?"

"네, 다음 달에 끝납니다."

권리아가 대답하자, 선배 변호사가 다시 물었다.

"그럼 갈 데는 구했어?"

수습 기간이 끝나면, 개인적으로 변호사 사무실을 차리거나, 앞으로 일할 법률 사무소를 찾아 정식 변호사로 취직해야 한다.

"아니요, 아직이요."

양미수의 대답에 선배 변호사가 놀란 표정을 지었다.

"한 달 정도밖에 안 남았는데?"

그러더니 목소리를 낮추며 말했다.

"알고 있겠지만, 우리 사무실은 작아서 변호사를 3명이나 한꺼번에 고용하기는 어려워. 그러니까 빨리 알아봐. 어영부영하다가 갈 데 없으면 어떻게 하려고 그래."

법무 법인 지음은 작은 규모의 로펌이다. 그래서 대표 변호사인 한 변호사가 수습 변호사를 한꺼번에 3명이나 받겠다고 했을 때는 반대하는 사람들이 많았다. 그 정도로 일이 많지 않은 데다, 수습이라고 해도 급여는 지급해야 했기 때문이다.

다행히 아이들이 수습 변호사로 온 뒤, 일이 꽤 많이 늘기는 했다. 어린이 변호사 양성 프로젝트 출신이라는 화제성으로 인해 뉴스나 신문 등 언론에 여러 번 소개되었고, 아이들이 사건을 잘 해결한 덕에 소문을 듣고 찾아오는 의뢰인도 많아졌다. 하지만 아이들이 정식 변호사가 되면 지금보다 많은 급여를 줘야 한다. 그래서 3명을 한꺼번에 고용하는 건 웬만해서는 쉽지 않은 일이다.

"네, 도움 말씀 감사합니다, 선배님."

권리아가 인사하자, 양미수도 따라 인사했다.

"감사합니다."

선배 변호사가 격려하듯 아이들의 어깨를 가볍게 두드리고 휴게실을 나갔다.

보행 중 스마트폰 금지법

미국 하와이에서는 법률로 만들었다.

우리나라 최초의 신문은?

신문은 사회에서 발생한 사건에 대한 사실이나 해설을 널리, 신속하게 전달하기 위해

얇고 값이 싼 종이에 글과 사진으로 구성된 기사를 인쇄해 발행한 것을 말해.

우리나라에서 처음 나온 신문은 1883년에 창간된 〈한성순보〉야. 하지만 관보의 성격을 벗어나지 못했지.

관보 국가나 공공 기관이 공식적으로 발표하는 문서나 소식을 담은 신문

독립신문이다.

"어떡하지?"

양미수가 걱정스러운 표정으로 물었다.

사건을 해결하느라 바빠서 수습 기간이 끝나면 어떻게 할지 생각할 겨를이 없었던 것이다. 또 그동안 일을 꽤 잘했다고 생각했기 때문에 한 대표가 주니어 변호사로 고용해 줄 거라고 믿고 있었던 면도 있었다.

권리아도 굳은 표정으로 말했다.

"알아봐야지 뭐."

아이들이 로스쿨을 졸업할 때는 변호사 자격증만 따면 모든 것이 다 해결될 줄 알았다. 어디든 가고 싶은 사무실에 취직하고, 하고 싶은 일을 하며 살 수 있을 거라고 생각했다. 하지만 아이들은 수습 변호사로 지원한 로펌에서 번번이 떨어졌다. 변호사를 하기에는 아직 너무 어리다는 이유였다. 의뢰인, 같이 일해야 하는 변호사나 직원, 심지어 검사와 판사까지도 거의 다 어른이니 이해할 만한 이유였다. 다행히 한 대표가 아이들을 받아 준 덕분에 수습 변호사가 될 수 있었지만, 어쩌면 아예 기회를 얻지 못할 수도 있었던 것이다.

선배 변호사의 말을 듣고 나니, 아이들은 변호사로 취직하는 일이 쉽지 않을 수도 있다는 현실을 새삼 깨달았다.

권리아가 진지한 표정으로 말했다.

"내 생각에는 내가 잘릴 거 같아."

양미수가 화들짝 놀라며 물었다.

"무슨 소리야. 왜 네가 잘려?"

"고 변호사님이랑 부딪친 적이 많았잖아."

"에이, 처음에만 그랬지, 지금은 안 그러잖아. 게다가 고 변호사님이 그런 일로 너를 나쁘게 생각할 분도 아니잖아."

처음에는 고 변호사가 까칠하게 굴어 오해하기도 했지만, 이제는 고 변호사가 어떤 사람인지 잘 알고 있다.

양미수의 말에도 권리아는 확신하듯 말했다.

"아니야, 2명만 남는다면, 내가 나가게 될 거야."

"아니야, 내가 나가게 될 거야. 그리고 2명이 아니라 1명만 남을 수도 있잖아!"

양미수의 말에 권리아가 한술 더 떴다.

"그러네. 가만, 이러다 3명 모두 나가야 하는 거 아냐?"

아이들은 불안감이 점점 커지며 속상한 마음이 들었다. 그동안 어린아이들이 무엇을 하겠느냐는 선입견을 깨기 위해 최선을 다해 일했고, 승소도 여러 번 했다. 그런데 그 모든 노력이 헛된 것처럼 느껴지는 것이었다.

권리아와 양미수는 의기소침해서 휴게실을 나왔다. 그때 마침 하 사무장이 한 대표의 방에서 나오는 것이 보였다.

소송에서 이기는 것

권리아가 하 사무장에게 다가가 조심스레 물었다.

"사무장님, 요즘 로펌 사정이 안 좋은가요?"

"사정이야 늘 안 좋죠. 하하."

하 사무장이 농담처럼 웃더니, 이내 의아한 표정으로 물었다.

"그런데 갑자기 그건 왜요? 누가 뭐라고 해요?"

아이들은 동시에 손을 내저었다.

"아니요."

하 사무장은 누군가 아이들에게 좋지 않은 말을 했다는 것을 눈치챘다. 그렇지 않고서야 갑자기 로펌의 사정을 물어볼 이유가 없기 때문이다.

하 사무장이 따뜻한 미소를 지으며 말했다.

"다른 분들이 하는 말은 다 신경 쓰지 마세요."

아이들이 상처받을까 봐 걱정되어 건넨 말이었다.

권리아와 양미수가 별일 아닌 듯 웃으며 말했다.

"알겠어요. 헤헤."

"걱정 마세요."

그때, 이범과 유정의가 들어왔다. 그런데 두 사람 모두 표정이 별로 좋지 않았다.

권리아가 걱정스러운 표정으로 물었다.

"어떻게 됐어요?"

"회의실로 가자."

이범의 말에 하 사무장이 나섰다.

"고 변호사님께 말씀드릴게요."

"네, 감사합니다."

이범이 대답하자, 아이들은 회의실로 들어갔다. 고 변호사도 회의실로 왔다. 이범은 최도아와 나눈 대화를 전했다.

고 변호사가 고개를 끄덕이며 말했다.

"고생하셨어요. 그럼 내일까지 기다려 봅시다."

그때 하 사무장이 들어와 말했다.

"고 변호사님, 이 변호사님, 대표님이 보자고 하십니다."

고 변호사가 이범과 하 사무장을 번갈아 보며 물었다.

"저희를요?"

"네."

하 사무장이 대답하자, 고 변호사가 자리에서 일어났다.

"알겠습니다."

이범도 고 변호사를 따라 자리에서 일어났다. 둘이 회의실을 나가자, 권리아는 문득 생각이 스쳤다.

'혹시 우리 때문에?'

고 변호사와 이범을 부른 이유가, 자신들에 대해 물어보려는 것은 아닐까 하는 생각이 들었다. 고 변호사는 시니어 변호사로 팀을 이끌어 왔고, 이범은 주니어 변호사로 아이들과 함께 사건을 해결해 왔으니, 그들의 평가가 아이들의 능력을 판단하는 데 중요한 기준이 되지 않겠는가.

권리아가 조심스럽게 자신의 생각을 말했다.

"아무래도 우리를 평가하려고 부르신 거 같아."

"헉! 정말 그런가 봐."

양미수가 화들짝 놀라며 동의하자, 유정의가 물었다.

"평가? 무슨 평가?"

권리아는 선배 변호사로부터 들은 이야기를 전했다.

"그러니까 우리 중에 누구를 뽑을지 결정하려고 두 분을 부른 것 아니겠어?"

권리아의 말에 양미수가 울상이 되어 말했다.

"어떡해. 나 이러다 정말 잘리는 거 아냐?"

권리아가 자신을 가리키며 말했다.

"네가 아니라 나라니까."

그런데 유정의는 아무 말도 안 하고 잠자코 있었다. 권리아가 새초롬한 표정으로 장난스럽게 물었다.

"유정의, 넌 걱정이 안 된다 이거지?"

"그건 또 무슨 소리야?"

유정의가 묻자, 권리아가 대답했다.

"너는 무조건 뽑힐 거라고 생각하는 거 아니냐고."

순간, 유정의가 정색했다.

"네가 내 머릿속에 들어와 봤어? 내가 무슨 생각을 하고 있는지 네가 아냐고!"

유정의의 날 선 반응에 권리아는 당황해 설명했다.

"아니, 나는 그냥 네가 될 것 같으니까. 부럽기도 하고, 그래서……."

하지만 유정의는 벌떡 일어나 굳은 표정으로 말했다.

"됐어, 그만 얘기하자."

그러더니 휑하니 나가 버렸다. 예상치 못한 유정의의 행동에 권리아가 황당해 하고 있는 사이, 양미수가 말했다.

"정의, 요즘 사춘기인가?"

양미수의 엉뚱한 말에 권리아가 물었다.

"갑자기?"

"응, 요즘 좀 예민해진 것 같단 말이야."

양미수가 고개를 갸웃하며 말했다. 양미수의 별명은 '미수테리'다. 양미수 이름의 '미수'와 '미스테리'를 합친 말이다. 양미수가 자주 엉뚱한 말이나 행동을 해서 붙여진 별명이다.

진심이 마음을 움직인다

진심이 마음을 움직인다

다음 날 아침, 이범은 최도아의 연락을 받았다.

"로이나 씨가 오후 2시에 우리 사무실로 오기로 했어."

"정말? 고맙다."

이범이 감사의 인사를 하자, 최도아가 생색을 냈다.

"내가 엄청 설득한 거야. 하지만 합의해 줄 생각은 아니야. 그냥 한번 만나 준다는 거지."

"알았어, 내가 잘 말해 볼게."

이범은 전화를 끊고, 미아 엄마에게 소식을 전했다. 미아 엄마가 반기며 말했다.

"애쓰셨어요. 잘 부탁드려요."

"최선을 다하겠습니다. 만나고 나서 다시 연락드릴게요."

이범은 고 변호사와 아이들에게도 로이나를 만나기로 했다는 사실을 알렸다.

고 변호사가 말했다.

"로이나 씨의 마음을 움직일 만한 무언가가 있어야 할 것 같은데요."

로이나가 합의를 안 하겠다는 마음이 굳건하니, 마음을 돌릴 계기가 필요하다는 말이다.

권리아가 의견을 냈다.

"미아가 반성문을 쓰는 건 어떨까요? 잘못했다, 다시는 안 그러겠다는 내용을 담아서요."

고 변호사가 칭찬했다.

"좋은 의견이네요. 미아 어머님께 말씀드려 보세요. 그 시간까지 미아가 반성문을 써서 가져올 수 있는지."

"네, 알겠습니다."

이범은 대답하고, 바로 미아 엄마에게 전화를 걸어 물었다. 미아 엄마는 흔쾌히 말했다.

"그럼요, 합의할 수만 있다면 뭐든지 해야죠. 이따 1시까지 가져갈게요."

그리고 1시쯤, 미아 엄마는 미아가 쓴 반성문을 가지고 왔다. 미아 엄마가 반성문을 보여 주며 물었다.

"학교 점심시간에 급하게 쓴 거예요. 이 정도 내용이면 될까요?"

이범이 내용을 읽어 보니, 미아는 자신이 저작권에 대해 잘 몰라 그런 일을 저질렀다며, 용서해 주시면 앞으로는 절대 그런 일이 없도록 하겠다는 약속이 담겨 있었다.

"잘 썼네요."

이범의 말에 미아 엄마가 안도한 표정으로 말했다.

"그럼 잘 좀 부탁드려요."

미아 엄마가 인사하고 돌아가자, 이범은 로이나를 만나기 위해 나섰다. 그런데 유정의가 따라 나오며 물었다.

"선배, 같이 갈까요?"

사실 어제 법무 법인 나라에 갔다 오면서 유정의는 이범에게 사과했다.

"죄송해요. 미리 말씀드렸어야 했는데……."

최도아를 만나기 전, 이범이 무슨 일인가 물었을 때 사실대로 말했어야 했는데, 당황해 말하지 못했다. 그런데 이범이 아무 것도 모르는 상태에서 최도아에게 그런 말을 들었으니, 기분이 상했을 것 같아 미안했다.

그런데 이범은 오히려 유정의를 걱정했다.

"나한테 죄송할 게 뭐 있어. 그런 건 신경 쓰지 말고, 잘 생각해 보고 결정해."

이범의 따뜻한 말에 유정의는 감동했다.

"네, 선배."

역시 이범은 좋은 선배다. 그래서 오늘도 따라가겠다고 나선 것이다. 그러나 이범은 고개를 저었다.

"아니, 괜찮아. 나 혼자 갔다 올게."

"네."

유정의가 미안한 표정으로 대답했다.

이범은 법무 법인 나라로 향했다. 최도아의 사무실이 있는 8층에 내리자, 직원이 나와 이범을 회의실로 안내했다.

"회의실에서 기다리시면 됩니다."

잠시 후, 최도아와 로이나가 들어왔다. 이범이 일어나 명함을 건네며 인사했다.

"법무 법인 지음의 이범 변호사입니다."

로이나가 눈을 동그랗게 뜨며 말했다.

"어머나, 유명한 분이네요!"

이범이 어린이 변호사 양성 프로젝트 1기로, 변호사 시험에 1등으로 합격했다고 뉴스에 몇 번 나온 것을 본 모양이었다.

이범이 겸손하게 말했다.

"아닙니다. 로이나 씨가 유명하시죠."

로이나가 손사래를 치며 말했다.

"아니에요, 저도 그냥 그래요. 하하."

AI도 저작권이 있을까?

인공 지능(AI) 기술이 발달하면서, 최근에는 AI가 글도 쓰고, 그림도 그리고, 음악도 만들어.

그럼 AI가 만들어 낸 작품의 저작권은 누구에게 있을까?

「저작권법」에서 저작물은 인간의 사상 또는 감정이 표현된 창작물이어야 한다고 규정하고 있어.

「저작권법」 제2조(정의)
1. "저작물"은 인간의 사상 또는 감정을 표현한 창작물을 말한다.

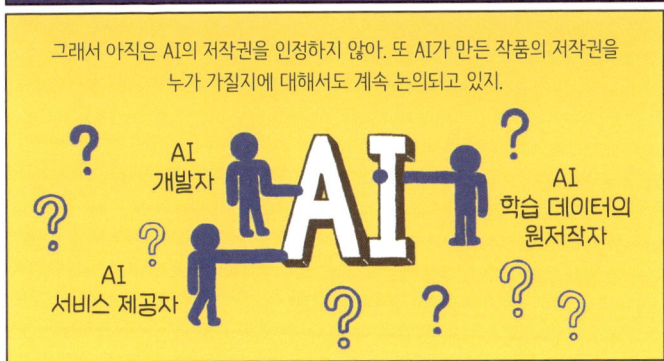

아직은 없고, 계속 논의되고 있다.

TV에서 볼 때는 진한 화장을 하고 과격한 춤을 추는 모습이라 성격이 좀 셀 거라고 생각했는데, 실제로 본 로이나는 상냥하고 털털했다.

이범이 본론을 꺼냈다.

"말씀을 들으셨겠지만, 피고소인 신미아와 어머님은 합의를 원합니다."

로이나가 곤란한 표정으로 말했다.

"저도 합의해 드리고 싶죠. 그런데 이런 일이 이번이 처음이 아니거든요. 지난번에도 7명을 고소했는데, 하도 사정을 하셔서 다 합의해 드렸어요. 그랬더니 금세 또 이런 일이 생긴 거예요. 그때 기사가 났었는데, 그걸 보고 제가 결국에는 합의해 줄 거라고 생각한 것 같아요. 그래서 이번에는 절대 합의하지 않기로 했습니다."

"그러셨군요."

이범이 로이나의 마음을 충분히 이해한다는 듯 고개를 끄덕이더니 말을 이었다.

"그런데 저희 의뢰인은 아직 초등학교 6학년입니다. 그리고 이번 일에 대해 깊이 반성하고 있어요. 이건 의뢰인이 직접 쓴 반성문입니다."

이범이 미아가 쓴 반성문을 내밀자, 로이나가 그것을 받아

읽었다. 그리고 미안한 듯 말했다.

"반성문은 이미 여러 장 받았어요. 저도 안타깝지만, 이 학생만 봐줄 수는 없지 않겠어요?"

로이나는 끝까지 뜻을 굽히지 않았다.

'안 되는 건가?'

이범은 안타까운 마음이 들었다. 반성문만으로는 로이나의 마음을 바꾸기에 역부족이었다.

바로 그때, 노크 소리가 들렸다.

"네."

최도아가 대답하자, 직원이 문을 열고 들어와 말했다.

"손님이 오셨는데요."

"손님이요? 누구죠?"

최도아가 의아한 표정으로 물었다. 따로 약속한 사람이 없었기 때문이다.

"법무 법인 지음의 유정의 변호사님이십니다."

직원의 말에 이범도 의아해했다. 유정의에게 분명히 혼자 가겠다고 했는데, 왜 온 걸까.

최도아가 직원에게 말했다.

"아, 네, 들어오시라고 하세요."

그러고는 이범에게 물었다.

"왜 같이 안 오고?"

"아, 그게……."

이범은 유정의가 온 이유를 몰라 말끝을 흐렸다.

그때, 유정의가 들어와 꾸벅 인사하며 말했다.

"안녕하십니까? 로이나 씨에게 꼭 보여드리고 싶은 게 있어서 왔습니다."

그리고 다음 순간, 갑자기 음악 소리가 흘러나왔다. 미아가 커버했던 영상 중 한 곡이었다. 최도아와 로이나뿐만 아니라, 이범도 눈이 휘둥그레졌다.

'도대체 뭘 하려는 거야?'

이범이 긴장하며 바라보는데, 유정의가 옆으로 비켜섰다. 그러자 문 쪽에서 미아가 춤을 추면서 들어오는 것이 아닌가. 모두가 어안이 벙벙해 미아의 춤을 지켜보았다. 그런데 미아의 춤은 영상에서 봤던 것보다 훨씬 더 멋있었다. 이범이 슬쩍 로이나를 보니, 로이나도 진지한 표정으로 미아의 춤을 보고 있었다.

춤이 끝나자, 유정의가 재빨리 박수를 치며 환호했다.

"와!"

"안녕하세요? 저는 신미아라고 합니다."

신미아가 고개 숙여 인사하자, 로이나가 반갑게 맞이했다.

"네가 미아구나!"

미아가 상기된 표정으로 말을 이었다.

"네, 선생님을 만나 뵙게 되어 정말 영광이에요. 제 꿈은 로이나 선생님처럼 세계적인 안무가가 되는 거예요. 그래서 선생님의 춤을 따라 한 건데, 그게 선생님께 피해가 될 줄 정말 몰랐어요. 잘못했습니다. 한 번만 용서해 주세요."

미아의 진심 어린 사과에 로이나는 잠시 말이 없었다. 표정엔 복잡한 감정이 스쳐 지나갔다.

최도아가 조심스럽게 물었다.

"잠시 생각할 시간을 드릴까요?"

어린아이가 이렇게까지 진심으로 사과하는데, 보는 앞에서 거절하는 것은 미안한 일이다. 그러니 생각해 보겠다고 하고 나중에 거절할 수 있게 도와주려는 것이다.

"아니, 괜찮아요."

로이나가 고개를 저으며, 미아에게 미소를 띠며 말했다.

"너를 보니까 꼭 내가 어릴 때를 보는 것 같구나. 나도 너만 했을 때 그랬거든. 춤이라면, 춤을 출 수 있다면 뭐든 할 수 있다고 믿었지."

모두 진지한 표정으로 로이나의 말에 귀를 기울였다.

"사실 나도 선배 안무가의 춤을 따라 하면서 꿈을 키웠어.

지금 미아, 네가 한 것처럼. 그런데 그 사실을 잊고 있었네."

로이나가 결심한 표정으로 말을 이었다.

"고소는 취하할게. 그 대신 앞으로는 꼭 안무가의 이름을 표기하고, 저작권 보호 조치를 해야 해. 알았지?"

그 순간, 모두의 얼굴에 안도의 빛이 번졌다. 결국 미아의 진심이 로이나의 마음을 움직인 것이다.

"네, 그렇게 할게요. 감사합니다. 정말 감사합니다. 흑흑."

미아가 눈물을 터뜨리며 고개를 숙이자, 로이나는 미아에게 다가가 어깨를 토닥이며 격려했다.

"왜 울어, 춤출 때는 그렇게 당당하더니. 앞으로 더 열심히 연습해서 우리 언젠가는 꼭 한 무대에서 춤추자. 자, 약속!"

로이나가 새끼손가락을 내밀자, 미아가 눈물을 훔치며 손가락을 걸며 말했다.

"네, 약속할게요."

그렇게 미아의 저작권 침해 사건은 따뜻하고 아름답게 마무리되었다.

회의실 밖으로 나서던 이범과 유정의에게 최도아가 웃으며 물었다.

"누구 아이디어야?"

미아가 직접 나타나 춤을 추고, 그것으로 로이나의 마음을

저작권 침해

돌리려는 계획을 누가 세웠느냐고 묻는 것이다. 이범도 궁금해 유정의를 바라봤다.

그런데 유정의가 뜻밖의 대답을 했다.

"미아 생각이에요. 자신의 진심을 꼭 전하고 싶다고 해서요."

"대단하네. 그만한 용기와 열정이라면, 진짜 세계적인 안무가가 되겠어."

최도아가 감동한 듯 말하자, 이범은 생각했다.

'그래, 진심만큼 강력한 건 없지.'

어린 미아에게서 크게 배운 것이다.

한편, 사무실에서는 고 변호사와 권리아, 양미수가 새로운 의뢰인을 만나고 있었다. 의뢰인은 고등학교 1학년, 송지유와 그의 아빠였다.

지유 아빠가 상황에 대해 설명했다.

"이틀 전에 고소장을 받았어요. 지유가 파일 공유 사이트에서 무료로 영화를 다운로드했는데, 영화사 두 곳에서 「저작권법」 위반 혐의로 고소를 했다고 하네요. 경찰에서 조사를 받으러 나오라는데, 어떻게 해야 할지 몰라서요."

이것도 저작권 침해?

우리가 사용하는 많은 것들은 저작권이 있어. 그래서 무심코 사용하다가는 저작권을 침해할 수 있지. 어떤 것들이 있을까?

드라마나 영화, 만화 등의 장면을 사진으로 촬영하거나 캡처해서 인터넷 사이트에 올리면 안 돼.

SNS에 올라온 게시 글을 게시자의 허가 없이 무단으로 도용하거나 배포하는 것도 안 돼.

프로필 사진에 다른 사람이 찍은 연예인 사진이나 풍경 사진 등을 올리면 안 돼.

본인이 직접 찍거나 저작권자에게 허락받은 것만 올려야 해!

사진, 영상, 폰트, 음악, 프로그램 등을 쓸 때는 주의해야 한다.

그러면서 지유 아빠는 고소장을 내밀었다. 고 변호사가 받아 보며 물었다.

"공다로, 다운로드한 사이트가 공다로인가요?"

"네, 맞습니다."

지유의 대답에 양미수가 고개를 갸웃하며 말했다.

"공다로요? 처음 들어 보는 곳인데요."

지유가 머리를 긁적이며 말했다.

"유명한 사이트는 아니에요. 저도 친구가 알려 줘서 알게 된 거예요."

권리아가 의문을 제기했다.

"유명하지도 않은데, 왜 거기서 다운로드를 한 거죠?"

"최신 유행 영화, 드라마, 예능 프로그램을 거의 다 무료로 볼 수 있거든요. 기본적으로 무료 콘텐츠가 많고, 쿠폰이나 포인트를 많이 주니까 그걸 모으면 원래 유료인 것도 공짜로 볼 수 있어요. 어젯밤에 방송한 드라마가 다음 날 새벽에 올라올 정도로 업로드 속도도 엄청 빠르고요."

지유가 설명하자, 권리아가 지적했다.

"불법 다운로드 사이트인 거네요. 알고도 사용한 건가요?"

지유가 고개를 끄덕이며 인정했다.

"네."

고 변호사가 고소장을 확인하며 물었다.

"문제가 된 것은 영화사 두 곳에서 각각 1편씩인데……. 유포죄로도 걸렸군요. 다운로드한 영화를 다른 사람들에게 전송한 건가요?"

지유가 대답했다.

"친구들과 같이 보긴 했지만, 전송한 적은 없어요."

지유 아빠가 상황을 설명했다.

"지유가 직접 전송한 건 아니에요. 그 사이트가 다운로드와 동시에 자동으로 공유되는 시스템이라고 하더라고요. 그걸 지유가 몰랐던 거죠."

고 변호사가 고개를 끄덕이며 설명을 시작했다.

"우선, 영화를 불법으로 다운로드한 것은 「저작권법」 위반이 맞습니다."

「저작권법」 제4조 제1항에 의해 영화는 영상 저작물에 속한다. 그래서 영화를 불법으로 복제, 공중 송신, 배포하면, 제136조 벌칙에 따라 처벌받게 된다.

고 변호사가 설명을 이었다.

"제 생각에는 지유가 초범이고, 영리적인 목적 없이 개인적으로 사용한 경우라 기소 유예 처분이 내려질 가능성이 높습니다. 또 유포죄는 자동 배포되는 것이고, 그 사실을 몰랐기 때문에 고의성이 없다고 판단되어 처벌을 피할 수 있을 것입니다."

"아, 네. 기소 유예……."

지유 아빠가 잠시 생각하더니 물었다.

"그럼 합의하고 고소를 취하하는 게 낫겠네요."

"네, 그게 가장 좋은 방법이죠."

양미수가 의견을 말하자, 지유 아빠가 고민스러운 표정으로 덧붙였다.

"사실 오늘 아침에 그쪽에서 합의를 제안해 왔는데, 합의금을 꽤 많이 요구하더라고요."

"얼마를 요구했는데요?"

양미수가 묻자, 지유 아빠가 대답했다.

"각 영화사에 100만 원씩, 총 200만 원을 주면 고소를 취하해 주겠다고 했어요."

"200만 원이요? 영화 2편을 다운로드했는데 합의금으로 200만 원을 달라니, 좀 지나친 요구네요."

권리아가 의견을 내자, 지유 아빠가 덧붙였다.

"그래서 고민인 거죠. 그런데 합의하지 않으면, 민사 소송을 제기해서 손해 배상까지 청구하겠다고 으름장을 놓더라고요."

권리아가 어이없다는 표정으로 말했다.

"그건 거의 협박인데요."

지유 아빠가 고개를 끄덕였다.

"그렇죠? 저도 그 말을 듣고 기분이 나빴어요."

그때, 고 변호사가 고소장을 가리키며 물었다.

"혹시 여기 대리인으로 되어 있는 최형수라는 사람이 직접 전화한 건가요?"

"네, 맞아요. '저작권 가드'라고, 영화사들의 저작권을 관리해 주는 신탁 회사 대표라고 했어요."

지유 아빠의 대답에 고 변호사가 고개를 갸웃하며 말했다.

"영화사들이 저작권 관리를 직접 하기는 힘드니까 신탁 회사에 일임하는 경우가 많긴 합니다. 그런데 저작권 가드가 변호사 사무실도 아니고 최형수가 변호사도 아닌 것 같은데, 신탁 회사에서 고소를 대리하고 합의를 요구하다니 좀 이상하네요."

"그래요?"

지유 아빠가 눈이 동그래지자, 양미수가 문득 지유의 말을 떠올리며 물었다.

"아까 친구가 공다로를 알려 줬다고 했잖아요. 그런데 혼자만 걸린 건가요?"

신탁

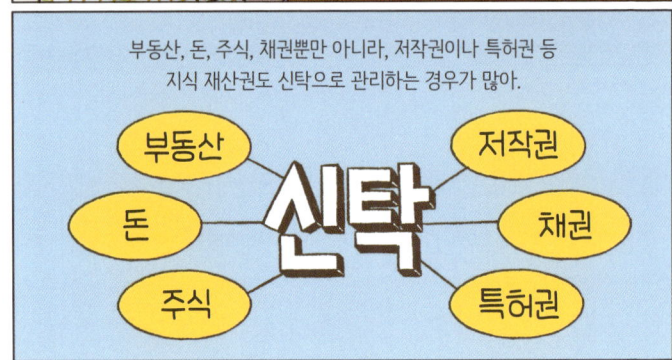

재산의 관리와 처분을 맡기는 일

"아니요, 우리 반에서 2명이 더 걸렸고, 다른 반에서도 5명 정도 걸렸대요."

지유의 대답에 권리아가 물었다.

"그 친구들도 합의하자는 연락을 받았다고 하던가요?"

지유가 고개를 갸웃하며 말했다.

"그건 잘 모르겠어요. 그냥 제가 걸렸다고 하니까, 애들이 몇 반 누구누구도 걸렸다고 말한 거라서요."

고 변호사가 잠시 생각하다가 말했다.

"조사를 좀 해 봐야 할 것 같은데요."

"왜요? 뭐가 이상한가요?"

지유 아빠가 묻자, 고 변호사가 대답했다.

"아직은 추측이지만, 합의금을 받아 내기 위해 고소한 게 아닌가 하는 생각이 들어서요."

양미수가 동의하며 말했다.

"저도 그렇게 생각해요. 모두 8명이니까 한 사람한테 200만 원씩 받으면, 1,600만 원이나 되잖아요. 엄청 큰돈이죠."

권리아도 의견을 덧붙였다.

"합의를 안 하면 손해 배상 청구 소송까지 하겠다고 협박하는 걸 보면, 합의금이 목적인 게 분명해요. 고소해 놓고 취하해 줄 테니까 돈 내놔라, 하는 거죠."

"그러네요. 아주 계획적이었던 거네요."

지유 아빠가 기막혀하자, 고 변호사가 말했다.

"저희가 지유 친구들을 만나 보고, 저작권 카드와 최형수에 대해서도 좀 알아보겠습니다. 신탁 회사에서 고소를 대리한 게 수상하니까요."

"알겠습니다. 잘 부탁드립니다."

지유 아빠가 인사하자, 지유도 고개를 숙였다.

지유와 지유 아빠가 돌아간 뒤, 마침 이범과 유정의가 사무실로 돌아왔다.

"로이나 씨가 고소를 취하해 주기로 했습니다."

이범이 전한 소식에 권리아가 반기며 말했다.

"잘됐어요. 미아가 직접 가서 사과한 게 효과가 있었네요."

이범이 고개를 끄덕였다.

"맞아요, 로이나 씨가 계속 거절하고 있었는데, 미아를 보고 마음을 바꿨어요."

고 변호사가 만족스러운 표정으로 말했다.

"다행이네요."

그리고 방금 들어온 지유의 사건에 대해 설명했다. 다 듣고 나더니, 유정의가 의심스러운 눈초리로 말했다.

"정말 합의금 장사를 하는 것 같은데요. 저작권을 보호할 목적이 아니라, 돈이 목적인 거죠."

이범이 의문을 제기했다.

"저작권 신탁업을 하려면, 문화 체육 관광부 장관의 허가를 받아야 하는 거 아닌가요?"

고 변호사가 고개를 끄덕였다.

"맞습니다."

「저작권법」제105조 제1항에 의하면, 저작권 신탁 관리업을 하고자 하는 자는 대통령령으로 정하는 바에 따라 문화 체육 관광부 장관의 허가를 받아야 한다고 규정되어 있기 때문이다.

고 변호사가 지시했다.

"저작권 가드가 정식 허가를 받은 신탁 업체인지 확인해 보세요. 또 고소를 대리한 최형수가 변호사가 아닌 것 같은데, 어떻게 고소를 대리했는지, 영화사들과 어떤 관련이 있는지에 대해서도 알아보시고요."

"네, 알겠습니다."

아이들이 대답했다. 그러자 유정의가 의견을 냈다.

"공다로도 좀 이상한 것 같아요. 정상적인 다운로드 사이트에서는 최신 영화나 드라마를 그렇게 쉽게 공짜로 볼 수 없거든요."

장관 / 대통령령

"맞아요, 쿠폰이나 포인트를 주면서 다운로드를 부추기는 것도 이상한 것 같아요."

양미수의 말에 권리아가 물었다.

"그럼 일부러 불법 다운로드를 유도했다는 말이에요?"

이범이 눈을 날카롭게 빛내며 말했다.

"그럴 수도 있겠네요."

고 변호사가 덧붙였다.

"그럼 공다로도 자세히 알아보세요. 지유 친구들도 만나서 상황 파악하시고요."

"네!"

아이들이 동시에 대답했다.

과연 고 변호사와 아이들이 의심하고 있는 것은 사실일까? 만약 그렇다면, 그것을 어떻게 증명할 수 있을까?

장관

법에 따라 나라 살림을 맡아 보는 국가 기관을 '행정부'라고 해.

행정부의 수반은 대통령이고, 그 밑에 국무총리가 있어서 대통령을 보좌하며 각 부를 총괄하는 역할을 하지.

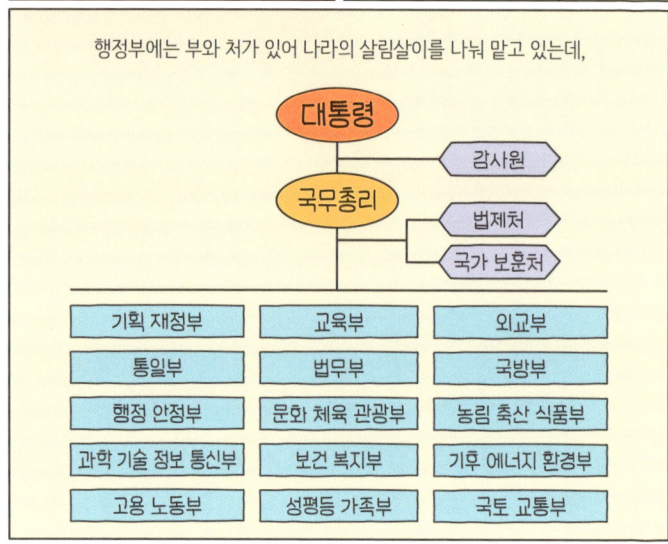

행정부에는 부와 처가 있어 나라의 살림살이를 나눠 맡고 있는데,

행정 각 부의 수장

대통령령

우리나라 법은 헌법, 법률, 명령, 조례와 규칙으로 이루어져 있는데, 명령은 대통령, 국무총리, 행정 각 부 장관이 제정하는 것이야.

그중 '대통령령'은 대통령이 내린 명령을 말하며, 헌법에 명시되어 있지.

대통령령 = 대통령의 명령

「헌법」 제75조
대통령은 법률에서 구체적으로 범위를 정하여 위임받은 사항과 법률을 집행하기 위하여 필요한 사항에 관하여 대통령령을 발할 수 있다.

이렇게 한 이유는 법률로 구체적인 사항까지 규정하면 시간이 오래 걸리고, 오히려 법의 보호를 받지 못하는 사람이 생길 수 있기 때문이야.

일이 너무 많아!
법률

그래서 행정부가 자체적으로 처리할 수 있도록 권한을 위임한 것이지.

대통령령은 행정부가 직접적으로 관련된 법률에 한해서만 가능해.

「아동 복지법」 제15조(보호 조치)
① 시도지사 또는 시장·군수·구청장은 그 관할 구역에서 보호 대상 아동을 발견하거나 보호자의 의뢰를 받은 때에는 아동의 최상의 이익을 위하여 대통령령으로 정하는 바에 따라 다음 각 호에 해당하는 보호 조치를 해야 한다.

또 상위법인 헌법과 법률을 명백히 침해하거나 위배해서는 안 되지.

대통령이 내리는 명령

알고 보니, 사기 사건

 다음 날, 권리아와 양미수는 지유와 함께 고소당한 아이들을 만났다. 그 자리에는 아이들의 부모님도 참석했다.
 권리아가 공다로를 제일 먼저 알고 친구들에게 소개했다는 김수찬에게 물었다.
 "공다로를 어떻게 알게 됐죠?"
 수찬이가 대답했다.
 "게임하다가요. 게임 사이트에 광고가 떴어요. 최신 영화, 드라마, 예능 프로그램이 다 공짜라고요. 마침 보고 싶었던 영화와 예능 프로그램이 있어서 들어가 봤어요."
 "그게 정말 공짜였나요?"
 "네, 사이트에 가입하면 무조건 3개를 공짜로 다운로드할 수 있는 쿠폰을 줘요. 그리고 돈을 내고 영화 1편을 다운로드하면, 또 공짜 쿠폰을 주고요. 친구를 초대해도 공짜 쿠폰을 줘요. 그걸 이용하니까 최신 영화나 TV 프로그램을 거의 다 공짜로 볼 수 있었어요."

수찬이의 대답을 듣고, 양미수가 물었다.

"그래서 친구들에게 소개한 거군요."

"네, 공부하다 보면, 영화관에 가서 영화를 볼 시간이 없잖아요. 보고 싶었던 드라마나 예능 프로그램도 방송 시간에 맞춰 보기 어렵고요. 게다가 다들 용돈이 넉넉하지 않으니, 공짜로 볼 수 있으니 좋다고 생각했어요. 그런데 이런 일이 벌어질 줄은 몰랐어요."

수찬이가 변명하자, 권리아가 지적했다.

"불법 다운로드 사이트라는 건 알았나요?"

"처음에는 몰랐고, 나중에는 알았어요."

수찬이의 대답에 권리아가 다른 아이들에게도 물었다.

"친구들도 불법 다운로드 사이트라는 거 알았나요?"

"네……."

아이들이 인정하자, 권리아가 주의를 주었다.

"영화나 드라마를 만드는 데에 얼마나 많은 사람들의 노력과 자금이 들어가는 줄 알아요? 그런데 그걸 공짜로 보겠다는 건 양심 없는 행동 아닌가요?"

수찬이가 미안한 표정으로 말했다.

"그래서 반성하고 있습니다."

다른 아이들도 고개를 숙였다.

수찬 아빠가 물었다.

"변호사님, 저희도 아이들이 잘못했다고 생각합니다. 그런데 아이들은 어느 정도의 벌을 받게 될까요?"

"우선 어느 영화사의 작품으로 고소당했는지, 또 몇 편인지 알려 주시겠어요?"

양미수의 말에 부모들은 각자 받은 고소장을 보여 주며 고소당한 내역을 설명했다. 종합해 보니, 고소를 한 영화사는 모두 열 곳이고, 아이들마다 보통 2~3편을 불법으로 다운로드한 것으로 확인됐다.

양미수가 의견을 말했다.

"저희가 보기에는 기 소 유 예 가 나올 것으로 예상됩니다."

"기소 유예라면 무죄라는 건가요?"

한 부모가 묻자, 양미수가 설명했다.

"아니요, 불법 행위를 한 건 맞지만, 여러 사정을 고려해 기소하지 않는 것을 말합니다."

그러자 수찬 아빠가 속상한 표정으로 말했다.

"결국 경찰 조사에서 안 끝나고, 검찰까지 간다는 말이네요."

검찰이라는 말에 아이들과 부모들은 걱정스러운 표정을 지었다.

"그럼 어떻게 해야 하나요?"

"생각보다 심각한 일이네요."

그냥 영화 1~2편 다운로드하는 거라고 가볍게 생각한 것이 이렇게 큰 문제로 이어질 줄은 아무도 몰랐던 것이다.

그사이, 권리아는 고소장에 쓰인 대리인의 이름을 확인했다. 모두 저작권 가드의 최형수였다.

권리아가 물었다.

"최형수라는 사람으로부터 합의하자는 연락을 받은 분이 계신가요?"

"저요!"

"우리도요."

모두 최형수로부터 합의를 종용하는 전화를 받았다고 했다. 각 영화사마다 1편당 100만 원씩 요구한 것도 같았다. 네 곳의 영화사에서 5편의 영화를 불법 다운로드한 수찬이의 경우, 합의금이 무려 500만 원에 달했다.

수찬 아빠가 기막힌 듯 말했다.

"영화 5편에 500만 원이 말이 됩니까? 법을 어기긴 했지만, 너무 지나친 요구예요."

범죄 혐의는 있지만, 공소를 제기하지 않는 처분

다른 부모도 고개를 끄덕이며 말했다.

"합의하지 않으면, 손해 배상 청구 소송까지 하겠다고 은근히 윽박지르더라고요."

권리아가 상황을 차분히 정리했다.

"저희가 저작권 카드에 대해서 알아보고 있습니다. 그러니까 일단 합의하시지 마시고, 조금만 기다려 주세요."

수찬 아빠가 부탁했다.

"네, 잘 좀 알아봐 주세요. 아직 청소년들인데, 검찰에 넘어가는 일은 없어야 하지 않겠습니까. 아이들도 진심으로 반성하고 있으니까요."

수찬이가 친구들을 보며 미안한 얼굴로 말했다.

"그 사이트를 알려 준 제가 잘못한 거예요. 흑흑."

결국 수찬이는 울음을 터뜨렸다. 불법인지 알고도 공짜의 유혹을 이기지 못한 것이 후회가 되고, 무엇보다 친구들까지 불법 행위에 끌어들인 것이 미안했던 것이다.

양미수가 위로했다.

"잘 해결될 테니까 너무 걱정하지 말아요."

"네, 잘 부탁드립니다."

수찬이가 눈물을 닦으며 말하자, 아이들도 인사했다.

한편, 유정의는 아이들이 영화를 불법으로 다운로드한 공다로의 운영 방법을 살펴보기 위해 사이트에 접속했다. 그런데 접속하자마자 화면 가득 여러 개의 팝업이 동시에 펼쳐졌다. 회원 가입만 하면 무조건 3편을 공짜로 다운로드할 수 있는 쿠폰을 준다는 안내부터, 각종 이벤트를 빙자해 공짜 다운로드를 유도하는 문구들이 대부분이었다. 게다가 지유의 말대로 어젯밤에 방송한 드라마와 예능 프로그램들이 거의 다 업로드되어 있었다.

유정의가 의심스러운 표정으로 중얼거렸다.

"정식 OTT도 아닌데, 이렇게 빨리 올라온다고?"

OTT(Over-The-Top)는 인터넷을 통해 방송 프로그램, 영화, 교육 등 각종 미디어 콘텐츠를 제공하는 서비스를 말한다. 그렇다면 이 사이트에 업로드된 콘텐츠 중 상당수가 불법으로 확보된 것일 가능성이 크지 않을까.

"어디서 운영하는 사이트지?"

유정의는 화면 하단에 있는 사업자 이름을 확인했다. 그런데 이게 어떻게 된 일인가!

"저작권 가드?"

아이들을 고소한 최형수가 대표로 있는 저작권 가드가 바로 공다로를 운영하는 회사였던 것이다. 더 놀라운 것은 그 회사의 대표 이사 이름 역시 최형수였다.

"수상하네!"

만약 이게 사실이라면, 저작권 가드의 최형수는 공다로라는 불법 다운로드 사이트를 만들어, 공짜 다운로드가 가능하다고 소비자를 현혹했을 가능성이 크다. 그렇게 불법 행위를 저지르게 한 다음, 그걸 빌미로 고소한 뒤에 고소를 취하해 주겠다며 합의금을 받는 것이 목적일 가능성이 크다.

그 시각, 이범도 수상한 점을 발견했다. 우선 저작권 가드가 정식으로 문화 체육 관광부 장관의 허가를 받은 저작권 신탁업체가 아니라는 사실이었다. 게다가 「저작권법」 제105조 제2항에 의하면, 저작권 신탁 관리업을 하려면, 저작물 등에 관한 권리자로 구성된 단체일 것, 영리를 목적으로 하지 아니 할 것, 사용료 징수 및 분배 등의 업무를 수행하기에 충분한 능력이 있을 것 등의 조건이 있다. 그런데 저작권 가드는 그 어떤 조건에도 해당되지 않는 영세업체였다. 직원도 달랑 최형수 본인을 포함해서 2명에 불과했다.

"무허가 신탁업체네."

그렇다면 이는 명백히 「저작권법」을 위반한 것이다. 이범은 저작권 가드의 대표이자, 영화사들을 대리해 경찰에 고소장을 제출한 최형수가 변호사인지도 확인했다. 그러나 예상대로 최형수는 변호사가 아니었다.

"변호사도 아니면서 고소를 대리했으니, 「변호사법」도 위반했네."

「변호사법」 제109조 제1항에 의하면, 변호사가 아니면서 금품이나 향응 또는 그 밖의 이익을 받거나 받을 것을 약속하고, 수사 기관에서 취급 중인 수사 사건, 소송 사건 등에 관하여 감정, 대리, 중재, 화해, 청탁, 법률 상담 또는 법률 관계 문서를 작성하거나, 그 밖의 법률 사무를 취급하거나, 이러한 행위를 알선하는 것을 금지하고 있다. 그리고 이를 어길 경우, 7년 이하의 징역 또는 5,000만 원 이하의 벌금에 처한다고 되어 있다.

그런데 최형수는 변호사가 아닌데도 영화사들을 대리해 아이들을 저작권 위반 혐의로 고소하고, 직접 아이들과 부모들에게 연락해 합의를 종용했다. 이건 분명히 「변호사법」을 위반한 것이다.

아이들은 각자 맡은 조사를 끝내고, 모두 사무실에 모였다. 그리고 조사 결과를 보고하자, 고 변호사도 만족스러운 표정으로 말했다.

변호사법

「변호사법」은 변호사에 관한 사항을 규정해 놓은 법률이야.

「변호사법」에 변호사는 인권 옹호와 사회 정의의 실현을 사명으로 하여, 성실히 직무를 수행해야 한다고 되어 있어.

제1조 (변호사의 사명)
① 변호사는 기본적 인권을 옹호하고 사회 정의를 실현함을 사명으로 한다.
② 변호사는 그 사명에 따라 성실히 직무를 수행하고 사회 질서 유지와 법률 제도 개선에 노력하여야 한다.

또 공공성과 전문성을 가지고, 독립적이고 자유롭게 직무를 수행할 수 있음을 보장하고 있지.

이 앞에서 난 교통사고를 목격하셨나요?

제2조 (변호사의 지위)
변호사는 공공성을 지닌 법률 전문직으로서 독립하여 자유롭게 그 직무를 수행한다.

공공성 한 개인이나 단체가 아닌 일반 사회 구성원 전체에 두루 관련되는 성질

변호사의 자격, 직무, 권리, 의무 등을 규정한 법률

실정법은 국가나 기관이 제정한 법률로, 특정한 국가나 사회를 규율하는 법을 말해.

실정법에는 성문법뿐만 아니라, 관습법과 같은 불문법도 포함돼. 또 법을 어겼을 때는 강제적인 처벌을 받게 되지.

성문법 | 문자로 적어 표현하고, 문서의 형식을 갖춘 법

불문법 | 관습법이나 판례법처럼 문서의 형식을 갖추지 않은 법

반면에 자연법은 모든 인간에게 공통적으로 적용되는 보편적이고 변치 않는 법칙을 말해.

자연법은 실정법의 도덕적 근거가 된다.

"우리 예상이 맞는 것 같네요."

권리아가 기막힌 듯 목소리를 높였다.

"이건 사기 아닌가요? 불법 다운로드 사이트를 만들어 사람들을 유인하고, 그걸 빌미로 고소해서 합의금을 뜯어내려고 한 거니까요."

고 변호사가 고개를 끄덕였다.

"아직 합의금을 받지 않았으니, 사기 미수라고 할 수 있죠."

사기죄는 「형법」 제347조 제1항, 사람을 기망하여 재물의 교부를 받거나 재산상의 이익을 취득한 자는 10년 이하의 징역 또는 2,000만 원 이하의 벌금에 처한다는 규정에 의해 처벌받는다. 이번 경우는 미수범이므로 형량이 좀 줄어들기는 하겠지만 말이다.

고 변호사의 대답에 유정의가 정리했다.

"결국 「저작권법」 위반에, 「변호사법」 위반까지 더해지겠네요. 잡히면 처벌이 꽤 클 것 같아요."

그러자 이범이 덧붙였다.

"불법 다운로드 사이트를 개설한 혐의도 있으니, 별도의 「저작권법」 위반 혐의도 추가될 거예요."

저작권자의 동의 없이 디지털 콘텐츠를 공유하거나 유포하는 것은 「저작권법」을 위반하는 행위이다. 그러므로 불법 다운로드 사이트를 개설하고 운영하는 사람은 저작권 침해 방조 및 직접 침해로 징역형이나 벌금형뿐만 아니라, 사이트 폐쇄, 범죄 수익 환수 등 중형을 선고받을 수 있다.

양미수가 어이없는 표정으로 말했다.

"온갖 범죄를 다 저질렀네요."

그때, 고 변호사가 의문을 제기했다.

"그런데 고소에 참여한 영화사가 모두 열 곳이잖아요. 그 영화사들은 최형수가 변호사가 아닌 것을 몰랐을까요?"

눈치 빠른 권리아가 고 변호사의 말뜻을 알아채고 말했다.

"당연히 알지 않았을까요? 그런데도 고소를 대리하게 했다는 것은 처음부터 같이 사기를 치기로 짠 것이 아닐까요?"

고 변호사가 고개를 끄덕이며 말했다.

"그건 영화사 사람들을 만나 보면 알게 되겠죠. 순순히 자백할지는 모르겠지만 말이에요."

이범이 말했다.

"그럼 저희가 영화사 사람들을 만나 보겠습니다."

고 변호사가 동의하자, 아이들은 영화사 대표들을 나눠서 만나 보기로 했다. 그런데 아이들이 영화사 몇 곳에 전화해 피고소인의 변호사라고 하자, 모두 자신들은 잘 모르니 최형수에게 물어보라고 하는 것이었다.

이범이 의견을 말했다.

"안 되겠다. 영화사에 직접 가서 확인해 봐야겠어."

아이들은 두 팀으로 나눠 영화사에 가 보기로 했다. 권리아와 양미수가 함께 찾아간 영화사 중, 세 곳은 문이 잠겨 있었고 전화도 받지 않았다. 다행히 네 번째로 간 시네마 하우스라는 영화사는 문이 열려 있었다.

아이들이 들어가 인사하고 명함을 내밀었다.

"안녕하세요? 저작권 관련 고소 사건 때문에 왔는데요. 대표님 좀 뵐 수 있을까요?"

직원이 곤란한 표정으로 말했다.

"대표님이요…… 지금 안 계신데……."

그러면서 자꾸 안쪽을 힐끗거렸다. 아이들은 대표가 안에 있다는 확신이 들었다.

권리아가 일부러 큰 소리로 물었다.

"그럼 몇 가지만 여쭤볼게요. 최형수 씨가 변호사가 아닌 것 알고 계시나요? 변호사가 아닌 사람은 고소 대리를 할 수가 없는데, 그 사실도 알고 계시나요?"

직원이 당황해 얼굴이 빨개지며 말했다.

"저, 저는 아무것도 몰라요."

그때였다. 안쪽 방문이 열리더니, 한 여자가 나오며 말했다.

"제가 대표입니다. 이쪽으로 들어오시죠."

아이들이 방으로 들어가자, 대표가 먼저 인사했다.

"안녕하세요. 이미라입니다."

40대 초반 정도로 보이는 사람이었다.

권리아가 조심스럽게 물었다.

"어떻게 해서 고소를 하게 된 것인지 사실대로 말씀해 주실 수 있으세요?"

이미라 대표가 한숨을 쉬며 말했다.

"최형수가 영화사를 찾아왔어요. 우리 영화가 불법으로 다운로드가 되고 있으니, 자기 회사에 저작권 신탁을 맡기면 대신 저작권료를 받아 주겠다고 하더라고요."

"그런데 저작권 가드는 허가를 받지 않은 무허가 신탁업체예요. 그것도 알고 계셨어요?"

양미수가 묻자, 이미라가 잠시 생각하다 말했다.

"처음에는 잘 몰랐어요. 자기가 신탁 회사를 한다고 하니까 그런가 보다 했죠. 그리고 저작권료를 받아 주겠다고 하니까 그럼 해 보라고 한 거예요."

양미수가 다시 물었다.

"그런데 변호사가 아닌 사람이 고소를 대리할 수 없다는 건 모르셨나요?"

가수나 배우도 저작권이 있을까?

대신 가수나 배우는 실연자로 구분돼서 저작 인접권을 인정받아.

「저작권법」 제2조(정의)
4. "실연자"는 저작물을 연기·무용·연주·가창·구연·낭독 그 밖의 예능적 방법으로 표현하거나 저작물이 아닌 것을 이와 유사한 방법으로 표현하는 실연을 하는 자를 말하며, 실연을 지휘, 연출 또는 감독하는 자를 포함한다.

저작 인접권 실연자에게 인정되는 녹음, 복제, 이차 사용 따위에 관한 권리

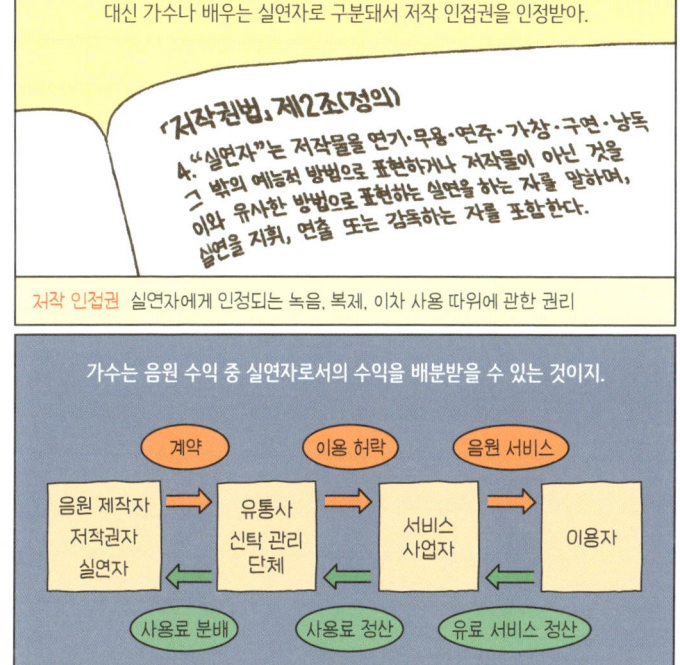

하지만 영상물의 경우는 영상 제작자가 이를 양도받은 것으로 여기기 때문에 배우는 별도 계약을 하지 않으면 수익을 받기 어려워.

배우는 보통 출연료를 받는 것으로 계약하지.

제100조(영상 저작물에 대한 권리)
③ 영상 제작자와 영상 저작물의 제작에 협력할 것을 약정한 실연자의 복제권, 배포권, 방송권 및 전송권은 특약이 없으면 영상 제작자가 이를 양도 받은 것으로 추정한다.

실연자로서 저작 인접권이 인정된다.

법률에 의해 금지된 행위를 적법한 절차를 거쳐 허용하는 것

"알긴 했죠. 그래서 최형수한테 문제없겠냐고 물었더니, 최형수가 합의금을 받아 내면 바로 고소 취하할 거니까 걱정할 것 없다고 했어요."

"그럼 처음부터 합의금을 목적으로 고소한 것이 맞네요."

권리아의 날카로운 지적에 이미라는 마지못해 혐의를 인정했다.

"저희 영화사가 지금 형편이 아주 안 좋거든요. 개봉했던 영화들이 다 망하는 바람에 직원 월급도 제대로 못 줄 정도예요. 그런데 최형수가 합의금을 받아 반반으로 나누자고, 제가 할 일은 아무것도 없고 그냥 앉아서 돈만 받으면 된다고 하는 거예요. 그리고 솔직히 저희 영화를 불법으로 다운로드하는 것은 잘못된 일이잖아요. 저희도 저작권료를 받지 못했으니 피해를 입은 것이고요. 그래서 눈 딱 감고 그렇게 하라고 한 겁니다."

이미라가 괴로운 표정으로 말하자, 양미수가 단호하게 말했다.

"사정이 어려우신 것도 이해하고, 피해를 입으신 것도 맞는데요. 공다로라는 다운로드 사이트는 최형수가 만든 사이트예요. 그것도 알고 계셨나요?"

이미라가 놀라서 눈이 동그래지며 말했다.

"그래요? 그건 전혀 몰랐어요. 저는 그냥 일반적인 다운로드 사이트인 줄 알았어요."

양미수가 차분히 설명했다.

"저희가 조사한 바로는 최형수가 공다로라는 사이트를 직접 만들고 공짜 쿠폰을 뿌려 불법 다운로드를 부추긴 것으로 파악되었습니다. 그리고 그걸 빌미로 고소하고 합의금을 받아 낸 것이지요."

이미라가 표정이 어두워지며 물었다.

"그런 거였군요. 그럼 이제 어떡하죠? 저도 공범이 된 건가요?"

권리아가 설명했다.

"지금 말씀하신 내용이 사실이라면, 대표님께서는 최형수의 사기 의도를 알지 못했다는 거잖아요. 하지만 결과적으로 대표님도 최형수가 사기를 치는 데 가담한 상황이에요. 이 경우 부주의로 인한 과실의 책임이 있을 수 있습니다. 그런데 형사상 과실 사기는 처벌되지 않습니다. 다만, 민사상으로는 손해 배상 책임이 발생할 수 있습니다."

이 대표가 화들짝 놀라며 물었다.

"제가 손해 배상을 받는 게 아니라, 오히려 해 줘야 한다고요?"

"네."

권리아의 대답에 이미라는 사색이 되어 아무 말도 못했다. 아이들은 최형수의 사기 행각을 밝힐 중요한 증언을 얻어 냈다는 점에서 안도했다.

하지만 양미수는 의문이 생겼다.

"그런데 다른 영화사들은 저희가 만나자고 했더니 다 모른다고 피하시던데, 왜 자백을 하시는 거죠?"

이미라가 머뭇거리다 솔직하게 털어놓았다.

"어제 고소당한 학생들이랑 부모님들이 전화를 하셨더라고요. 최형수가 합의금을 요구하면서 합의를 종용했는데, 금액이 너무 많다고요. 제가 고소인이니까 좀 줄여 달라고 직접 연락을 한 거죠. 그때는 최형수에게 일임했으니 그와 조율하라고 말하고 전화를 끊었는데, 계속 마음이 찜찜하더라고요."

양미수가 의아한 표정으로 다시 물었다.

"왜요?"

이미라가 대답했다.

"저는 사실 누구를 고소했는지도 몰랐거든요. 그냥 저희 영화를 불법으로 다운로드한 사람들이라고만 알고 있었죠. 그런데 전화를 받고 확인해 보니, 다 어린 학생들이더라고요. 아무리 돈이 궁하다고 해도 아이들에게 이런 짓을 하는 건 아닌 것 같아서요. 어떻게 해야 할지 고민하고 있던 중에 두 분이 오신 거예요."

권리아가 조심스럽게 제안했다.

"그렇다면 이제라도 고소를 취하하시는 게 어떨까요?"

이미라가 물었다.

"그럼 어떻게 되는 건가요?"

권리아가 설명했다.

"학생들도 불법 다운로드한 잘못이 있으니, 고소 취하로 쌍방 합의하는 걸로 마무리할 수 있습니다."

"그래야겠네요. 알려 주셔서 감사해요."

이미라가 안도하는 표정으로 고개를 끄덕였다.

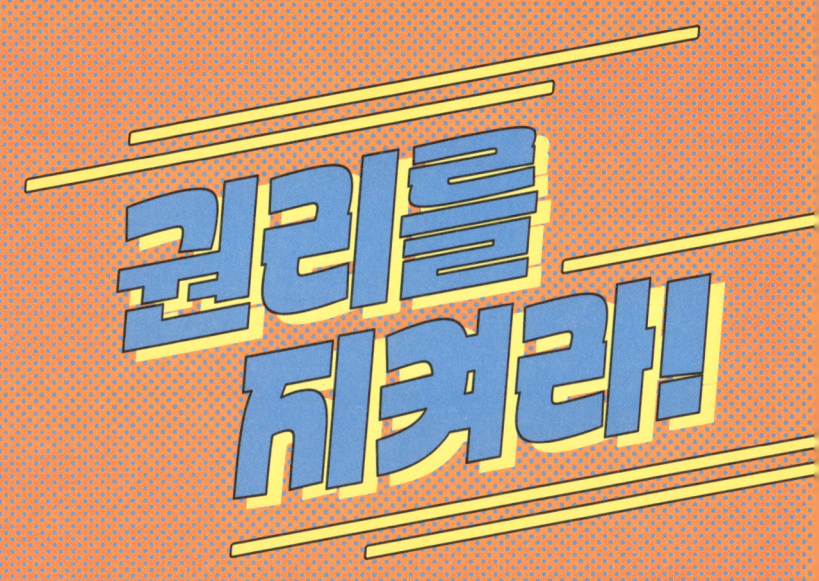

    한편, 이범과 유정의가 찾아간 영화사들도 대부분 처음에는 자신들은 모르는 일이며, 최형수가 다 처리한 일이라고 발뺌했다. 그러나 최형수가 공다로라는 불법 다운로드 사이트를 실제로 운영한 사람이라고 알리자, 모두 놀라는 눈치였다.

    어떤 사람은 이렇게 주장했다.

    "그럼 우리도 사기당한 거 아닙니까?"

    또 다른 사람은 이렇게 주장했다.

    "최형수가 사기를 친 것이든 아니든, 불법으로 다운로드한 사람들도 잘못한 거잖아요."

    "가뜩이나 영화 시장이 어려운데, 불법으로 다운로드한 사람들 때문에 저희가 더 힘들어요."

    이렇게 불만을 토로하는 사람들도 있었다. 어쨌든 결론은 최형수가 영화사를 부추겨 사기를 친 상황이고, 영화사 대표들은 사기인 줄은 모르고 가담한 것으로 드러났다.

다음 날, 이범과 아이들은 경찰에 최형수를 「저작권법」 위반, 「변호사법」 위반 그리고 사기 혐의로 고소했다.

고소장을 받은 경찰이 놀라 말했다.

"죄목이 아주 많네요."

이범이 부탁했다.

"철저하게 조사해 주십시오."

"알겠습니다."

경찰은 곧바로 최형수를 소환해 조사했다. 최형수는 일부 혐의는 인정했지만, 불법 다운로드 사이트 개설 혐의와 사기 혐의에 대해서는 부인했다.

"공짜 쿠폰을 준 것은 사이트를 홍보하기 위한 수단이었지, 불법 다운로드를 유도하려는 의도는 없었습니다. 또 공다로를 운영하다 보니 공짜로 다운로드하려는 사람들이 많았고, 그 때문에 영화를 제작한 저작권자들에게 피해가 생기니까 고소라도 해서 피해를 보상해 주려는 순수한 마음으로 한 것이지, 합의금을 노리고 사기를 친 게 아니라는 말입니다."

어떻게든 양형을 줄여 보려는 속셈이었다. 경찰은 최형수의 혐의를 밝히기 위해 저작권 가드 사무실과 주거지를  했다. 또 최형수와 직원의 계좌도 추적했다.

압수는 범죄의 증거물 또는 몰수할 것으로 예상되는 물건을 강제로 빼앗는 것이야.

「형사 소송법」 제106조(압수)
①법원은 필요한 때에는 피고 사건과 관계가 있다고 인정할 수 있는 것에 한정하여 증거물 또는 몰수할 것으로 사료하는 물건을 압수할 수 있다.

수색은 압수할 물건이나 체포할 사람을 발견할 목적으로 집, 물건, 사람의 신체 또는 기타 장소에 대하여 행하는 강제 처분을 말해.

제109조(수색)
①법원은 필요한 때에는 피고 사건과 관계가 있다고 인정할 수 있는 것에 한정하여 피고인의 신체, 물건 또는 주거, 그 밖의 장소를 수색할 수 있다.

압수 수색을 하려면, 당사자의 동의가 있거나, 영장이 있어야 해.

증거가 될 물건이나 체포할 사람을 발견하기 위해
강제로 행하는 처분

그 결과, 최형수는 이전에도 동일한 수법으로 여러 영화사들과 공모해 무려 34명으로부터 합의금을 뜯어낸 것이 밝혀졌다.

이 소식을 듣고, 유정의가 놀라 말했다.

"34명이면 그 돈이 얼마예요!"

권리아도 기막힌 듯 고개를 저었다.

"완전 상습범이었네요."

상습범은 어떤 범죄를 반복하여 저지름으로써 성립하는 범죄, 또는 그런 죄를 지은 사람을 말한다. 상습범은 「형법」 제351조에 의해 사기죄에 정한 형의 2분의 1까지 가중하여 처벌할 수 있다.

"이번에도 못 잡았으면 최형수는 계속 사기를 치고 다녔을 거예요."

양미수의 말에 이범이 동의했다.

"그랬겠지. 저작권자가 일일이 자신의 작품이 사용된 곳을 찾아 저작권료를 받아 내기 힘들다는 점을 악용한 거니까."

고 변호사가 의견을 말했다.

"예전에 비해 저작권에 대한 법적 보호가 잘 이루어지고 있기는 하지만, 아직 보완할 부분이 많긴 하죠."

이범이 고개를 끄덕였다.

"맞아요, 저작권의 범위가 넓어지고, 저작권을 침해하는 행위가 날로 다양해지고 지능화되면서 사회적으로도 큰 문제가 되고 있어요."

미아와 지유 사건처럼 다른 사람의 저작물을 마음대로 사용하거나, 불법 다운로드를 받는 경우뿐만 아니라, 다른 사람의 작품이나 상표 등을 표절하는 행위도 저작권을 침해하는 행위다. 특히 요즘은 다른 사람의 음악, 안무, 드라마, 소설, 학위 논문 등을 표절하는 행위도 자주 일어나고 있다. 그리고 이렇게 저작권을 침해하는 행위는 저작권자 개인의 피해에서 그치지 않고, 산업 전반에도 악영향을 미치기 때문에 반드시 근절되어야 한다.

그러자 권리아가 주장했다.

"그렇기 때문에 저작권에 대한 일반 사람들의 인식이 중요한 거죠. 저작권은 저작권자가 가지는 정당한 권리다, 나의 권리가 중요한 만큼 다른 사람의 권리도 중요하다, 그러니까 다른 사람의 권리도 지켜줘야 한다! 이런 인식이 필요하지 않겠어요?"

권리아의 별명은 '또또권리'다. 권리를 매우 중요하게 여겨 시도 때도 없이 권리를 주장하기 때문이다.

양미수도 자신의 생각을 밝혔다.

표절은 남의 작품의 일부를 몰래 따다 자기 것처럼 발표하는 것을 말해.

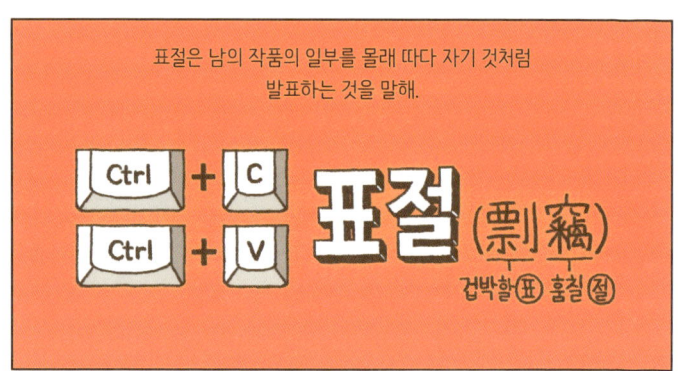

최근에는 음악, 소설, 시나리오, 논문 등의 표절로 인한 저작권 침해 사건이 많이 발생하고 있어.

그래서 어느 정도를 표절로 볼 것인가로 항상 의견이 분분하지.

남의 작품의 일부를 몰래 따다 자기 것으로 발표하는 것

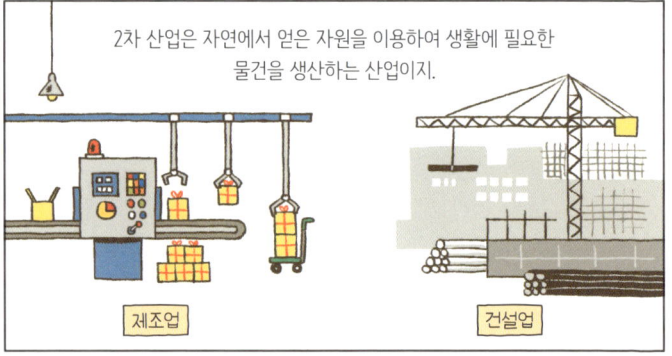

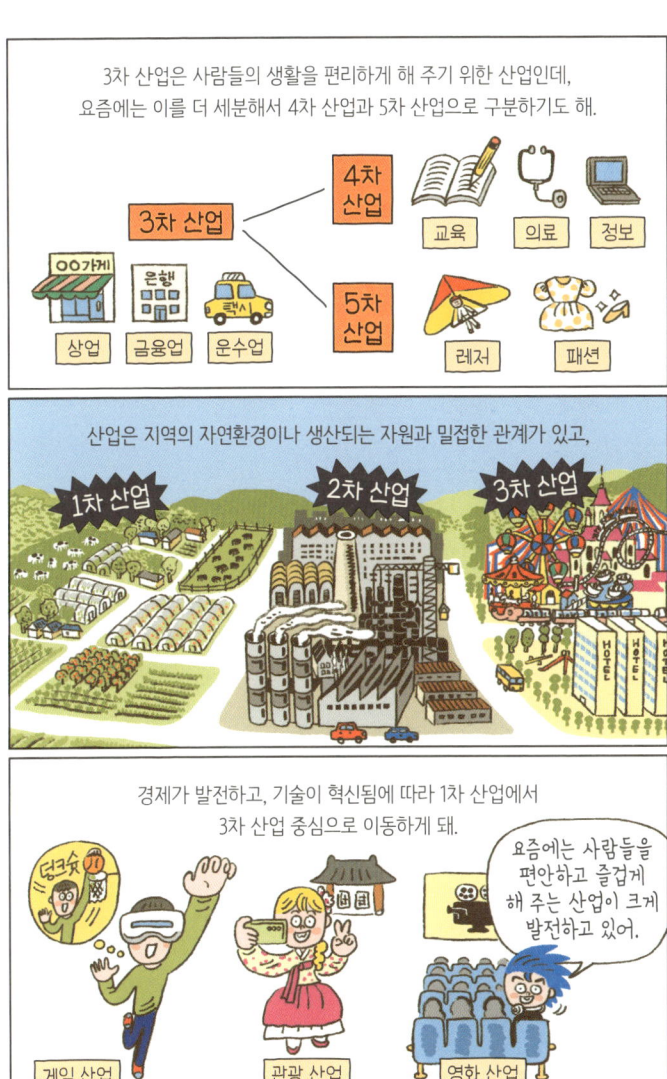

살아가는 데 필요한 재화와 서비스를 생산하는 활동

"저는 이런 문제가, 다들 하니까 나도 괜찮겠지, 하는 안일한 마음에서 시작된다고 생각해요. 학생들도 그런 마음이었을 거예요. 그러니 이번 사건을 통해 다시는 그러면 안 된다는 것을 톡톡히 배웠을 겁니다."

이 정도는 괜찮겠지, 안 걸리겠지, 하는 생각이 결국 법을 위반하는 행위로 이어질 수 있다는 것을 잊지 말아야 한다.

결국 명백한 증거에 최형수는 경찰에 체포되었다. 그리고 경찰의 추궁에 자신의 혐의를 모두 인정할 수밖에 없었다. 영화사들은 최형수가 체포되고, 손해 배상의 책임이 있다는 사실을 알게 되자, 모두 고소를 취하했다.

고 변호사가 만족스러운 표정으로 말했다.

"고생들 많으셨습니다."

아이들도 기뻐하며 서로 인사했다.

"고생하셨습니다."

이범이 지유 아빠에게 전화를 걸어 소식을 알렸다.

"고소는 다 취하됐습니다."

지유 아빠가 기뻐하며 인사했다.

"감사합니다. 변호사님들 덕분이에요."

소식을 들은 다른 아이들의 부모들도 차례로 전화를 걸어 감사의 인사를 전했다.

"꼼짝없이 합의금을 물어 줘야 하나 걱정했는데, 감사합니다."

"어린 변호사님들이라 조금 걱정하기도 했는데, 대단하시네요."

"앞으로도 문제가 생기면, 꼭 변호사님들을 찾아가겠습니다. 감사합니다."

의뢰인들이 감사와 칭찬을 전하자, 아이들은 기분이 좋았다. 동시에 변호사로서의 보람도 느꼈다. 그렇게 불법 다운로드로 인한 저작권 침해 사건은 무사히 해결되었다.

사건이 마무리되고 한숨 돌리며 퇴근을 준비하던 권리아는, 문득 잊고 있던 일이 떠올랐다.

"맞다, 우리 변호사 사무실 때문에 고민하고 있었지!"

양미수도 눈이 동그래지며 말했다.

"그러게. 사건 해결하느라 또 잊고 있었네."

유정의도 생각난 듯 표정이 굳어졌다. 권리아가 이범에게 조심스럽게 말을 꺼냈다.

"선배, 지난번에 대표님이 부르셔서 갔잖아요. 고 변호사님이랑요."

이범이 기억하고 대답했다.

"아, 그래. 그랬지."

저작권을 보호하는 방법

저작권자와 사용자가 함께 노력해야 한다.

"혹시 저희 계약 때문이었던 거 아닌가요?"

권리아의 물음에 이범은 고개를 끄덕였다.

"맞아."

권리아는 가슴이 덜컥 내려앉았다.

'나에 대해 안 좋은 평가를 내린 건 아닐까?'

양미수도 불안한 표정으로 이범을 쳐다보았다. 그러자 이범이 물었다.

"너희들의 마음은 어떤데? 여기에 계속 남고 싶은 마음이야?"

권리아가 얼른 대답했다.

"당연하죠."

양미수도 바로 이어 대답했다.

"저도요."

아이들의 빠른 대답에 이범은 미소를 띠며 말했다.

"그럼 걱정하지 말고 기다려 봐."

그 말은 아이들이 바라는 대로 법무 법인 지음에 남을 수 있다는 의미인가. 권리아와 양미수가 생각에 잠겨 있는 사이, 이범이 유정의에게 물었다.

"정의는 결정했어?"

유정의가 미안한 표정으로 대답했다.

"아니, 아직이요."

아직이라는 말에 권리아가 화들짝 놀라며 물었다.

"아직이라니? 그럼 지음을 떠날 수도 있다는 말이야?"

양미수도 눈이 동그래져 물었다.

"다른 데 가려고 그러는 거야?"

유정의는 애매한 표정으로 말끝을 흐렸다.

"아직 고민 중이라는 거야."

권리아와 양미수는 지난번에도 계약 이야기가 나왔을 때, 유정의가 민감하게 반응했던 일이 떠올랐다. 권리아가 농담처럼 건넨 말에 불쑥 화를 냈던 것 말이다. 그때, 양미수는 유정의가 사춘기가 아니냐는 엉뚱한 말까지 했는데, 지금 보니 아이들과는 다른 마음을 품고 있었던 것인가.

권리아는 문득 유정의가 최도아를 만났던 일이 생각났다.

'혹시 최도아 선배 회사로 가려는 걸까?'

최도아와 서로 좋아하는 사이라면, 그럴 가능성도 있겠다는 생각이 들었다.

그때, 유정의가 솔직하게 털어놓았다.

"최 선배가 법무 법인 나라로 오라고 제안했거든."

권리아와 양미수가 화들짝 놀라며 동시에 되물었다.

"최 선배가?"

"나라로?"

"응, 며칠 전에 친구 만난다고 먼저 나간 적 있었잖아. 그때 만나서 제안을 받았어."

'그런 거였구나!'

권리아는 이제야 유정의가 최도아를 따로 만난 이유를 깨달았다. 권리아는 생각했다.

'둘이 좋아해서 만난 건 아니라는 말인가.'

그때, 양미수가 황당한 표정으로 물었다.

"그런데 그걸 왜 이제 말해?"

유정의가 머리를 긁적이며 말했다.

"생각이 정리가 안 돼서, 정리되면 말하려고 했지."

이범이 웃으며 말했다.

"아직 결정을 못했다며."

조금 전 유정의가 한 말을 되짚는 것이다.

"네, 그런데 자꾸 물어보니까 계속 말 안 하는 것도 그래서……."

권리아가 유정의의 말뜻을 이해하고 말했다.

"그러니까 나라로 갈 수도 있다는 말이네."

"아직 결정 안 했다고."

유정의가 답답한 듯 말했다. 그러나 권리아와 양미수는 서운한 마음이 들었다. 권리아와 양미수, 유정의는 어린이 변호사 양성 프로젝트 2기로 로스쿨에 입학한 이후, 거의 매일 함께 지냈다. 학교 다닐 때는 물론이고, 변호사 시험 공부를 할 때도, 그리고 수습 기간까지 한 사무실에서 함께였으니 말이다. 그런데 유정의가 그동안 그런 고민을 혼자만 하고, 권리아와 양미수에게는 이제 와서 말을 하니 서운한 것이다.

다음 날 아침, 회의를 마치고 나오던 권리아를 하 사무장이 불렀다.

"권 변호사님, 대표님이 부르십니다."

권리아가 놀라 되물었다.

"대표님이요?"

"네, 들어가 보세요."

하 사무장의 말에, 권리아와 양미수는 직감했다.

'올 것이 왔구나!'

한 대표가 계약 문제로 아이들을 만나려 한다는 것을 눈치챈 것이다. 권리아는 숨을 깊게 들이마신 후, 한 대표의 방으로 들어갔다.

계약

계약이란, 일정한 법률 효과의 발생을 목적으로 서로 의사를 표시하는 것을 말해.

계약(契約) 맺을 계 맺을 약

친구들과 하는 약속이랑은 달라. 약속은 지키지 않아도 법적 책임을 묻지 않지만, 계약은 법적 책임뿐만 아니라, 처벌을 받을 수도 있거든.

사이좋게 지내기로 약속하자.

약속!

계약할 때는 보통 계약서를 쓰는데, 법적 효력을 가지려면 지켜야 할 것들이 있어.

그럼 계약하는 걸로 하고 계약서 쓰시죠.

한 대표가 벌떡 일어나며 반겼다.

"아, 권 변호사님! 어서 오세요."

그리고 소파 자리를 권했다. 권리아가 앉자, 한 대표도 소파로 와서 자리를 잡았다. 권리아는 한 대표가 무슨 말을 할지 긴장되어 침을 꼴깍 삼켰다.

한 대표가 말을 꺼냈다.

"벌써 다음 달이면 수습 기간이 끝나네요."

"네, 대표님."

권리아가 대답하자, 한 대표가 미소 지으며 말했다.

"그동안 고생 많으셨어요. 수습 기간 내내 열정적으로 일해 주셔서 정말 감사드려요."

'그만두라는 얘기구나.'

권리아는 순간 그렇게 생각했다. 인사말이 꼭 그만두라는 말을 꺼낼 때 하는 말처럼 느껴졌기 때문이다.

한 대표가 말을 이었다.

"그래서 말인데, 앞으로도 계속 지음에서 일할 수 있나요?"

예상치 못한 말에 권리아는 어안이 벙벙했다.

"네? 같이 일하자고요?"

"네, 나는 변호사님이랑 계속 같이 일하고 싶은데, 변호사님은 어떻게 생각하시나요?"

한 대표의 대답에 권리아는 펄쩍 뛰며 좋아했다.

"정말요? 정말 계속 지음에서 일할 수 있는 거예요?"

권리아가 기뻐하자, 한 대표가 웃으며 말했다.

"당연하죠. 그동안 그렇게 열심히 해 주셨는데."

권리아가 안도의 한숨을 쉬며 말했다.

"휴, 정말 다행이에요. 전 제가 잘리는 줄 알았거든요."

한 대표가 크게 웃으며 말했다.

"하하, 별 걱정을 다 했네요. 자, 그럼 같이 일하는 걸로 알고 있겠습니다."

"네. 감사합니다, 대표님."

권리아는 90도로 인사하고 한 대표의 방을 나왔다.

다음은 양미수의 차례였다. 권리아에게 계속 일하기로 했다는 말을 듣자, 양미수는 더욱 긴장이 되었다.

한 대표가 물었다.

"양 변호사님도 잘리는 줄 알고 계셨나요?"

"네? 아, 네."

양미수의 대답에 한 대표가 다시 물었다.

"그럼 양 변호사님도 지음에서 계속 일하고 싶으신 거죠?"

"네, 저도 계속 일하고 싶어요."

그러자 한 대표가 물었다.

"왜요? 그렇게 결정하게 된 이유가 뭔지 궁금하네요."

갑작스러운 질문에 양미수가 잠시 머뭇거리다 말했다.

"그, 그건…… 친구들도 있고, 이범 선배도 있고, 또 고 변호사님이랑 하 사무장님도 너무 좋으시고……."

한 대표가 살짝 서운한 표정을 지으며 농담을 했다.

"아, 대표는 별로였나 보군요. 제 얘기는 안 하시는 걸 보니."

양미수가 화들짝 놀라며 손을 내저으며 말했다.

"아니, 아니에요. 대표님도 좋으세요. 제가 대표님 진짜 존경하거든요. 정말이에요."

양미수가 당황하는 모습이 재미있는 듯, 한 대표가 호탕하게 웃었다.

"하하, 농담이에요, 농담."

그러더니 부드러운 미소를 띠며 말했다.

"그럼 양 변호사님도 계속 일하시는 걸로 알고 있겠습니다."

"네, 감사합니다."

양미수가 감사의 인사를 하자, 한 대표도 인사했다.

"제가 더 감사합니다."

그렇게 양미수까지 지음에 남기로 결정되자, 이제 남은 사람은 유정의였다. 유정의가 대표실로 들어가자, 양미수는 권리아의 방으로 갔다.

양미수가 걱정스러운 표정으로 말했다.

"정의, 정말 나라로 가려는 거 아냐?"

권리아가 잠시 생각에 잠기더니 조심스럽게 자신의 생각을 말했다.

"그러려는 것 같아. 쉽게 결정하지 못하는 걸 보니."

양미수가 이해한다는 듯 고개를 끄덕였다.

"나라가 좋기는 하지. 우리나라 5대 로펌 중 하나니까. 누구나 가고 싶어 하는 곳이잖아."

그러자 권리아가 샐쭉한 표정으로 말했다.

"최 선배가 있어서 가고 싶은 것일 수도 있지."

양미수가 권리아가 한 말의 의도를 알아채고 화들짝 놀라며 물었다.

"정의가 최 선배를 좋아하기라도 한단 말이야?"

권리아가 대답했다.

"그냥 내 생각이야. 그런데 그럴 수도 있을 거 같긴 해. 평소에 최 선배를 좋게 말하기도 했고, 또 최 선배가 워낙 대단한 사람이니까."

양미수는 잠시 생각하더니 말했다.

"에이, 그건 아닐 거야. 정의는 분명히 너를 좋아하는 것 같았단 말이야."

"네가 잘못 본 거겠지."

권리아의 말에 양미수는 말끝을 흐렸다.

"아닌 것 같은데……."

양미수도 유정의가 권리아에게 친절하게 구는 행동을 보고 그렇게 생각했던 것이라 확신할 수 없는 것이다.

그때 노크 소리가 들리더니, 하 사무장이 문을 열고 물었다.

"들어가도 될까요?"

권리아와 양미수가 벌떡 일어나며 반겼다.

"그럼요."

"어서 들어오세요."

하 사무장이 들어오더니, 기쁜 표정으로 물었다.

"두 분 다 남기로 하신 거죠?"

"네!"

권리아와 양미수가 대답하자, 하 사무장이 행복한 웃음을 지으며 말했다.

"다행이에요. 앞으로도 잘 부탁드립니다."

권리아가 밝게 인사하며 말했다.

"저희가 잘 부탁드려요. 그리고 항상 저희 신경 써 주시는 거, 잘 알고 있어요. 정말 감사해요."

하 사무장은 오랜 기간 검찰청에서 수사관으로 일하며 법률과 수사 분야에서 뛰어난 능력을 갖춘 사람이다. 덕분에 아이들이 일을 처리하는 데 큰 도움을 받는다. 그뿐만 아니라, 아이들을 엄마처럼 살뜰히 챙겨 주는 따뜻한 사람이기도 하다.

"맞아요, 사무장님 덕분에 저희가 잘 적응할 수 있었어요. 진심으로 감사드립니다."

양미수도 인사하자, 하 사무장이 웃으며 말했다.

"아유, 제가 뭐 한 게 있다고요. 하하."

그러자 권리아가 걱정스러운 듯 물었다.

"그런데 사무실 사정이 좀 안 좋다고 하던데, 저희를 다 고용해도 문제가 없을까요?"

한 대표의 별명은 '한 대포'다. 목소리가 크고, 한번 마음먹은 일은 무조건 밀어붙이는 성격이기 때문이다. 하지만 별명과는 다르게 어려운 사람을 보고 그냥 지나치지 못하는 따뜻하고 여린 마음도 가지고 있다. 그러니 사무실 사정이 좋지 않은데도 아이들을 내보낼 수 없어 그냥 받아들인 것은 아닌지 걱정스러웠다.

하 사무장이 손을 내저으며 말했다.

"그렇지 않아요. 변호사님들 오시고 사건 의뢰가 많이 늘었어요. 대표님이 무료 변론을 많이 하셔서 전체 수익이 많지는 않지만, 그래도 변호사님들을 고용하지 못할 정도로 어렵지는 않습니다. 그런 걱정은 하지 않으셔도 돼요."

하 사무장의 말에 아이들은 안도했다.

"그렇다면 다행이네요. 헤헤."

권리아가 웃으며 말했다.

그런데 그때, 밖에서 문 닫히는 소리가 들렸다. 유정의가 한 대표의 방에서 나오는 소리였다. 아이들은 귀를 쫑긋 세웠다.

유정의는 지음에 남을까, 아니면 나라로 갈까? 과연 어떤 선택을 했을까?

**법무 법인 지음,
그곳엔 아주 특별한 변호사들이 있다!**

각종 사건 사고를 해결하며 진짜 변호사로 성장하는
변호사 어벤저스의 멋진 활약이 펼쳐진다.

어린이 법학 동화
변호사 어벤저스

① **명예 훼손죄**, 진실을 말해 줘!
② **동물 보호법**, 책임감을 가져라!
③ **아동 복지법**, 위기의 아이를 구하라!
④ **형법**, 진짜 범인을 찾아라!
⑤ **도로 교통법**, 누가 가해자인가!
⑥ **학교 폭력**, 억울한 누명을 벗겨라!
⑦ **식품 위생법**, 양심을 지켜라!
⑧ **사이버 범죄**, 숨은 범인을 찾아라!
⑨ **저작권법**, 권리를 지켜라!
⑩ **청소년 보호법** (가제/근간)

변호사 어벤저스 시리즈는 계속됩니다!

글 고희정 ✦ 그림 최미란 ✦ 감수 신주영